Ⓢ新潮新書

桃野泰徳
MOMONO Yasunori

なぜこんな人が上司なのか

1035

新潮社

まえがき

「なんでこんな人が、私の上司なんだろう」

そんなストレスを感じながら、日々仕事をしているビジネスパーソンは、多いのではないだろうか。

無理もない話で、管理職や要職にある人であっても、まともなリーダー教育を受けたことがある人などほぼ皆無だ。換言すれば、そもそもリーダーとはどういう存在か、リーダー自身がまともに考えたことすら無いのである。そんな経営者や管理職の下で仕事をしていれば、ストレスがたまらないほうがおかしいだろう。

「そんなことはない、俺はちゃんと管理職研修を受講した」

そう思う人もいるだろうか。

例えば陸上自衛隊では、数十人の部下を任される小隊長になるまで概ね1年間、幹部候補生学校で教育を受ける必要がある。この教育を修了する頃、候補生たちは部下全員にメシが行き渡ってから初めて箸を持ち、部下の誰よりも後に風呂に入る「リーダー像」が心と体に焼き付いている。「管理職研修」で果たしてそこまで、リーダーの定義やあるべき姿について考えることができただろうか。

結局のところ、世の中に存在する経営者や管理職と呼ばれる人の大半は、まともなリーダーであるはずがないのである。

そしてそんなリーダーが率いる会社や組織が壊れていく様を、私は経営再建の現場で数多く見てきた。部下の心を壊し、仕事の妨げになっているリーダーたちと向き合ってきた。そんな経験から、本書では世の中のリーダーに向け、

「私たちは、もう少しリーダーという存在について本気で考えるべきだ」

というメッセージを届けたいと願い、筆を進めている。

なお文中、経営再建の話などは実際の現場で経験した出来事に基づいている。大手証券会社を経て、CFO(最高財務責任者)、経営企画責任者、TAM(ターンアラウンドマネージャー:事業再生担当者)などを歴任する過程で直面した課題を考察している。そんなこともあり、関係者に配慮が必要な部分では、事実に反しない範囲で多少の言い換えがあることをご容赦願いたい。

またリーダーシップや組織論を考察する過程で、親交を頂いている陸海空自衛隊の将官や元最高幹部にも、数多く取材をさせて頂いた。それら最高幹部の考え方やマインドは筆者の解釈なので、あわせてご理解を頂きたい。

なお本書は、2021年8月から連載中の「朝日新聞 GLOBE +」から、リーダー論に関し特に反響が大きかったものを中心に再編し、また書き下ろしを加えて出版の機会を頂いている。

この場をお借りし、出版にご協力とご尽力を頂いた朝日新聞 GLOBE +の関根和弘・編集長に心から感謝申し上げたい。

そして本書を手に取って下さった全ての皆様に僅かでも、〝大事なこと〟を考えるきっかけをご提供できるのであれば、心から嬉しく思う。


（文中は基本的に敬称略としました）

2024年1月

桃野泰徳

なぜこんな人が上司なのか ● 目次

第2章 組織を壊しているのはリーダーである

第１章　人望を失うリーダーがやっていること

1　「私がいたからこそ成功した」と言う上司へ

なにかおかしい

「これくらいのこと、当然です。特に難しい仕事でもありません」

同僚の営業責任者がそういった時、思わず彼の顔を二度見してしまっただろうか。大手商社からヘッドハンティングしてきたということで、株主からも期待されている取締役だ。

その彼に、株主の一人が直近の受注について、

「さっそく成果を挙げられてますね、さすがの手腕です」

というような社交辞令を言った時の言葉だった。

しかしその案件は、彼が入社する半年も前から若手が中心になって粘り強く、非常な苦労をして受注に繋げたものだ。彼の貢献はゼロといっていいプロジェクトである。

なおこの話は、今から20年近く前のことではある。しかし今も変わらず、世の中にはそんな理不尽があふれかえっているのだろう。

「部下の成果を自分の手柄にしてしまう上司」

「このプロジェクトは俺が成功させたと吹聴するリーダー」

現在進行形で、こういった上司や社長を冷めた目で見ている人は、きっと多いのではないだろうか。そしてこういうリーダーは、例外なく優秀な人ではないというのが、今のところの経験則だ。残念ながらこの時の役員も成果を挙げられず、短い期間で辞任に追い込まれている。

しかし一体なぜ、こういう発想をする人にはリーダーが務まらないのだろう。感覚的に理解できるのはもちろんだが、なにか必然的な理由があるはずだ。

そんなことをずいぶん長いこと考え続けていたが、最近やっと、その共通点と答えらしきものを見つけた気がしている。

「あのジュースを忘れることができない」

話は変わるが、アメリカを代表する著名な大富豪といえば誰を思い浮かべるだろう。令和の時代であれば恐らくイーロン・マスクやビル・ゲイツ、トランプ元大統領あたりだろうか。

しかし20世紀の初頭まで、全米はもちろん世界一の大富豪と言えば、「鉄鋼王」アンドリュー・カーネギーその人であった。近代化が進む時代にあって、鉄鋼の生産を中心にさまざまな事業に投資・進出して莫大な富を築いた、立志伝中の人である。以下少し、同氏の生涯について触れていきたい。

なおエピソードは、『カーネギー自伝』（アンドリュー・カーネギー著、坂西志保訳・中公文庫）に基づいている。

カーネギーは1835年11月、スコットランドの田舎町で、手織工を営む家庭に生まれた。しかし時代は、産業革命のまっただ中だ。蒸気機関を動力にした織り機の普及により一家は収入を失い、困窮を極めることになる。そして織り機などを処分すると渡米を決意し、カーネギーも13歳で学校を辞め、両親とともに米ピッツバーグ対岸の街、アリゲニーに移住する。

一家を支えるため、カーネギーはすぐに働き始める。最初の職場は紡績工場の糸巻き係で、週給1ドル20セントだ。この給与で毎日、朝は暗いうちから夜は暗くなっても働き続けた。

その後、知人の経営する工場でボイラー火夫の仕事を経て、14歳で電報配達夫に転職する。週給2ドル50セントであった。

そしてこの頃から、カーネギーの異常ともいえる努力が始まることになる。電報配達では必ず顧客の顔と名前を強烈に記憶し、特別感を演出してかわいがられた。さらに電信を音だけで文字起こしする、全米でも数名しか持たない技術を身につけると、17歳で通信技手になり月収は25ドルに跳ね上がる。

運命の出会いは、18歳のときに訪れた。トマス・A・スコットという、彼の人生を大きく変えることになる人物の目に留まったのだ。スコットは当時、黎明期の鉄道業界にあって、ペンシルベニア鉄道会社の監督としてピッツバーグに来ていた。そこで電信技手として知り合ったカーネギーを引き抜くと、事務員兼電信技手に取り立てる。月収は35ドルにまで上がった。

その後、スコットの出世とともにカーネギーも重い役職を任され続け、その全てで桁外れの努力を続け結果を出し続けることになる。

後はもう、雪玉を転がすように大きくなっていく立身出世物語だ。稼いだお金をもとに、スコットとともに寝台列車事業に投資し、あるいは鉄鋼事業にも進出すると、「鉄鋼王」への道のりを一直線に突き進むことになる。余りにも長くなるので、これ以降のことは割愛したい。

さて、この大富豪カーネギーの人生を最初に知った時、その異常な努力とリスクを恐れない行動力に驚いたのが、第一印象だった。そのため同氏が後年、78歳のときに著した自伝に興味を持つ。どれだけ努力をしたとか、成功の秘訣は苦労であるとか、きっとそういうことが具体的に書かれているのだろう――。しかしその予想は、完全に裏切られることになる。

彼の自伝には、苦労や努力といった記述が、ほぼ全くといっていいほど出てこないのだ。それどころか、人生で出会った人たちの名前をフルネームで挙げ続け、今の自分があるのはその人たちのおかげであると語り続ける。冒頭から3分の1ほどは、ずっとそんな内容である。

なおここで出てくる人たちとは決して、大富豪になったきっかけをくれたような有力者とか、そんなものではない。学のない自分に本を貸してくれた、15歳の時の知人。週給を2ドルだけ増やしてくれた、16歳の時の上司。極めつけは、渡米する際にジュースを一杯おごってくれた船員の名前まで挙げ、深い感謝とともにこんなことを語っている。

「私は、あの泡だって流れ出る清涼飲料水が入っていたすばらしい飾りのついた真鍮の器を忘れることができない。(中略)なんとかして彼を探し出そうとしたが、ぜんぜん手がかりがない」

一体この人の哲学の本質は、どこにあるのだろう。それを知る手がかりとして、こんなエピソードがある。

スコットに引き抜かれペンシルベニア鉄道に転職したカーネギーは、ある日、非常に悩ましい決断を迫られる。管轄地域で大きな鉄道事故が発生し、全区間で列車の運行が混乱する非常事態が発生した時のことだ。手を尽くし、運行管制に権限を持つスコットを探すが、どうしても見つからない。しかしこのままではさらに混乱が広がり、大変なことになるだろう。すると大胆にもカーネギーは、スコットの名前で次々と管制指令を発してしまうのである。

事故を聞き、慌てて事務所に戻ってきたスコット。しかしその時には全ての運行が正常化してしまっていた。驚くスコットに、カーネギーは自分が独断でやったと申告する。彼のやったことは明らかに越権行為であり、法律にも抵触する重大な規律違反だ。そのためスコットも褒めることなどできず、微妙な空気が流れてしまう。

そんな中、スコットはカーネギーから指令を受けた貨物主任の一人にこんな質問をする。

「小僧がなにをやらかしたか、君知ってるかい？」

「知りません」

「わしの名で、全線の列車を動かしていたんだ」

「それでうまくやったんですか」

「ああ、万事うまく運んだんだ」

スコットはこの時、こう悟ったのだろう。カーネギーは、失敗した時の全責任を負う覚悟で危機に対処した。その上で、上手くいった時の手柄は全てスコットのものになるように振る舞っていたと。

こんなかわいい部下を、どうして責めることができるだろう。もう一度いうが、失敗はすべて自分の責任、成功はすべて周囲の手柄、である。カーネギーがやがて、多くの人から信頼を得てトップリーダーに昇りつめたのも当然であったことが、よくわかるのではないだろうか。

異常ともいえるような努力を重ねながら、成功は全て周囲のおかげと感謝し続ける人生。失敗の責任をとる覚悟を持ちながらも、評価は全て周囲に渡してしまうリーダー。

彼のリーダーシップ哲学を端的に言うと、きっとそのようなものなのかもしれない。

仕事は〝天下一武道会〟ではない

話は冒頭の、〝理不尽なリーダー〟についてだ。

「部下の成果を自分の手柄にしてしまう上司」

「このプロジェクトは俺が成功させたと吹聴するリーダー」

このような人はなぜ、優秀なリーダーになることができないのか。

カーネギーの話をお伝えした後、もはや多くの言葉は要らないだろうが、そうもいかないので言語化してみたい。

確かに、このような言動を憚《はばか》らない人の中にもまれに、それが事実である人もいる。しかし考えてもみてほしいのだが、自画自賛で自分の成果を誇る人の言葉をそのまま信じる人が、どれだけいるだろう。むしろ言えば言うだけ胡散臭くなり、逆効果というのが多くの人の自然な感性だ。

であれば過去の仕事の成果など、部下や上司に気持ちよくくれてやることこそ2度美味しい、〝投資〟というものである。短期的で無意味な虚栄心を満たしたい欲求から逃れがたいことは本当によくわかるが、それは多くの場合、完全に逆効果になるのだから。

加えて、仕事とは多くの場合、ボクシングや空手などのような1対1の〝天下一武道会〟ではない。腕力自慢の経営トップ1人と社員10人の組織よりも、10人の優秀な社員を気持ちよく働かせることができる経営トップ1人の方が強いのが、組織力というものだ。

そしてそんな経営トップこそがいうまでもなく、本質的なリーダーである。

最後に、カーネギーが自分の死後、墓碑に刻んで欲しいと周囲に語っていた言葉を紹介したい。

"Here lies a man who knew how to enlist in his service better men than himself."

（カーネギー・ホール公式サイト）

〝己より優秀な人間の協力を得る術を心得し者、ここに眠る〟

「腕力自慢」で満足しているリーダーはこの言葉を、どう思うだろうか。自分よりも優秀な人材を仲間に持つことこそが、本当の経営者の誇りだと思わないだろうか。

ぜひ、参考にして欲しいと願っている。

2　「置かれた場所で咲きなさい」が無責任な言葉になる時

大ベストセラーに異論あり

『置かれた場所で咲きなさい』（幻冬舎文庫）という、累計300万部の国民的ベストセラーになった1冊がある。

修道女でもある故・渡辺和子さんが2012年に著した作品で、宣教師から渡された「Bloom where God has planted you.（神が植えたところで咲きなさい）」というメモに救われた体験を元にした、自叙伝的なエッセイだ。

「置かれたところこそが、今のあなたの居場所なのです」という印象的な言葉とともに紡がれる文章は美しく、多くの悩める人を勇気づけたのだろう。ネット上での書籍レビューは概ね高評価で、多くの人に愛される理由の一端を垣間見ることができる。

しかし私は、誰かをエンカレッジする時に正直、この言葉をとても使う気にはなれない。さらにいえば、この言葉は無責任であり卑怯であるとすら思っている。国民的な大ベストセラー相手に異論を投げかけるなど我ながらいい度胸だと思うが、以下少しお付き合い願いたい。

採用詐欺

話は変わるが、私はかつて大阪の中堅メーカーで、経営の立て直しに携わっていたことがある。債務超過に陥り、キャッシュフローベースでも出血が続く、時間の問題で法的整理が視野に入っているような会社だ。売れるものはすべて売り、金融機関にはリスケ（債務の繰り延べ）を申し入れ、大株主には資本援助を依頼するなど、とにかく資金手当に奔走するのが役割のような仕事である。

そんな中、規模は縮小してでも新卒採用だけは続けると決めた時のこと。10名ほどの採用枠に、最終の役員面接まで20名ほどが残っていただろうか。候補者は皆が優秀で、そのことは書類上からも十分にうかがい知ることができた。

そしてそんな中に、特に目を引く一人の女性がいた。「一流」の国立大学を卒業見込みで、成績も最上位の評価ばかりが並ぶ。海外留学経験にＴＯＥＩＣ９００点、中国語もビジネスレベルで話せるなど、〝地方の中堅企業程度〟に応募してくるとは、とても想定できないような学生さんである。そんなこともあり、彼女が入室すると私は一通りの書類確認を終えた後に、率直にこう切り出した。

「あなたの能力・成績は素晴らしいものだと、大変評価しています。逆に、ウチを志望して下さった理由がわからないほどです。弊社のどのようなところに、興味を持ってくださったのでしょうか」

すると彼女は、保有する特許、事業展開予定にも触れながら、その際に語学力を生かしリーダー的なポジションを任されたいといったような、野心あふれる想いを語ってくれた。さらに、大きな会社で小さな仕事から積み上げるほど気が長くないので、中堅クラスの会社で最初から大きな仕事を任されたいというような意欲も話す。

なるほど、それらは会社案内などで公開している情報であり、説明に矛盾はない。しかし実はそれは、もう3年は前のものであった。今となってはそれどころではなく、積極的な投資は全て中止し、まずは手段を選ばず出血を止めるのが最優先の局面に変わっている。つまり、彼女のやりたい仕事や夢を実現できるフィールドは、当社にはもはや存在していないのである。

事業の立て直しがまだ見通せない中で、彼女が当社に入ればきっと「こんなはずじゃなかった」と、不幸になるだけだろう。そう判断した私は結局、迷いに迷ったが彼女に内定を出さなかった。

すると驚いたのが、一つ前の面接を担当した管理職や、当然採用するであろうと思っていた経営トップである。確かに、いろいろな能力に優れているであろう彼女がもし本当に当社に定着してくれたら大きな戦力になるはずなので、当然の反応だ。

しかしもし彼女に内定を出し入社してくれていたとしても、程なくして退社を選んでいたことは目に見えているだろう。というよりも、「実現できない夢」をエサに入社させるなど〝採用詐欺〟であり、人としても会社としても間違っているというものだ。

それを説明しても理解してもらえると思わなかったので、私はただ一言、

「能力はあると思いますが、当社にふさわしい人材ではありません」

と、内定を出さなかった理由を皆に説明した。

与えられた職責で決めたこととは言え、このような判断は批判されて当然のことであると、当時も今も思っている。その上で私がこの判断をしたことには、伏線があった。

役員失格

最終面接の、おそらく1週間ほど前だろうか。中堅クラスの社員に会議室に呼び出され、こんな抗議を受けることがあった。

「なんでこんなに頑張っているのに、給料を減らされるんですか！」

実は私はこの時、経営立て直しの最終手段として、一律5％の給与カットを従業員に通知していた。6ヶ月の時限的な措置ではあるが、これは本当に従業員の士気を崩壊寸前まで追い込む悪手である。

他に方法が無いとはいえ、これほどやるべきではない施策はない。十二分にわかってはいたが、ネガティブな反応は予想以上だった。

「お客様のために誠実に仕事をしているのに、納得できません……もう私、会社のために頑張れません……」

そういうと彼女は、大粒の涙をボロボロと流した。そして、仕事に責任が持てないので転職を考えているということも。

何も言えなかった。「今はどうか、耐えて下さい。必ず何とかしますので、私を信じて下さい」とすら、言えなかった。

この時、私の選択肢の中にはすでに、事業売却や会社全体の身売りも視野に入っていた。であれば、その場しのぎで「今は耐えてほしい」「私を信じてほしい」などとは、とても言えなかったということだ。

彼女も、資格や経験をいかし転職したほうが、充実したキャリアを積むことができるだろう。そのためただ、「本当に申し訳ございません。宜しければどうか、お力を貸して下さい」と、頭を下げることしかできなかった。

人として誠実であることと、企業の役員あるいはリーダーとして職務に忠実であることとは、時に矛盾する。その意味で、私のこの時の態度は役員として失格であったのかもしれないが、しかし同じ状況になれば何度でもそうしただろう。

「嘘をつかないこと」

「人として誠実であること」

はリーダーとして絶対に欠いてはならない最低限の品位であり、〝信頼〟を得る上で何よりも大事な守るべき価値観なのだから。

宗教家と企業リーダーは別物

話は冒頭の、『置かれた場所で咲きなさい』についてだ。なぜ私が、〝置かれたところこそが、今のあなたの居場所です〟などと口にすることは無責任であり、卑怯であるとまで思っているのか。

もし私が、自社では明らかに夢を叶えられないあの時の学生を採用し、その後、退職を悩み始めた彼女に対しこの言葉で説得をしようものなら、きっとぶん殴られていただろう。転職を考えていると大粒の涙を流した社員に、「置かれた場所で咲きなさい」などと説教したら、「お前が言うな!!」と、お茶をぶっ掛けられていたかもしれない。

つまりこの言葉は、「相手の人生に対して、責任がない人」しか使ってはいけない言葉ということである。言い換えれば、「問題の解決を、本人の意識・考え方に丸投げする言葉」と言っても良いかもしれない。

唯一、この言葉を使ってもいい人は、渡辺和子さんがそうであったように宗教家や学校の先生など、道徳的な指導を期待されている人だけである。少なくとも、企業経営者やリーダーが部下に使えば、それは空疎な精神論であり、問題のすり替えにほかならない。だから私は、この言葉を無責任であり卑怯であると思っているということだ。

心が疲れたら

こんな話がある。秦の始皇帝に仕え、その天下統一を補佐した李斯《りし》は元々、田舎の小役人であった。

そして「自分はこのまま、こんなつまらない人生を過ごしても良いのか」と悩んでいたある日、便所の片隅で人に怯えながら汚物を食べ生きる痩せネズミを見かけ、嘆息した。

「俺もこのネズミのような、つまらない存在だ」と。

またある日、穀倉の中でもネズミを見かけるのだが、そのネズミはあり余る穀物を食べて肥え太り、人間の姿にも全く怯えることがなかったそうだ。その姿を見た時に、彼は悟った。

「人生もネズミの生き方も、生きる場所次第ではないか」と。

そして彼は一念発起し勉学に励み、始皇帝に見出され、歴史に名を残す大人物になっていくことになる。もし彼が、〝生きる場所〟を変える努力をしなければきっと、田舎の小役人のまま、悲嘆の中で一生を終えていただろう。

「石の上にも三年」

「置かれた場所で咲きなさい」

といった価値観が尊いことは、論を俟《ま》たない。どんなことでも、自分の力が及ぶ限り努力し、必死になって喰らいついていくべきだろう。しかしその上でどうにもならなければ、李斯のように生き方や環境を変えてしまうことも、決して迷うべきではない。人生をやり直し、新たなチャレンジに踏み出すことは決して逃げることでも恥ずかしいことでもないのだから。

「置かれた場所で咲きなさい」という言葉を重く感じたら、きっと心が疲れているはずだ。

そんな時にはぜひ「便所のネズミ」の話も思い出して、人生でベターな選択をする参考にして欲しいと願っている。

3 「勝ちたい」と「負けない」の大きな違いとは

忘れられない顧客

証券会社時代に見た忘れられない光景といえば、破滅的な損失を出した、ある顧客のことだろうか。その顧客は長年まじめに勤めた会社を定年退職し、まとまった額の退職金を受け取ったばかりだった。

当時のことなので、年齢は60歳くらいだろう。老後に備えてとお考えのようだったが、数千万円あった運用資産が最後には数百万円ほどにまで減ってしまっていた。

もうずいぶん昔のことであり、担当でもなかったので正直なぜそんなことになったのか、よくわからない。ただ、現物株からはじめた投資で小さく資産を増やすと、やがて信用取引（お金や株を借りて行う取引）を、最後にはデリバティブのようなものにまで手を広げていたように記憶している。資産が激しく減っていく局面では、「担当を出せ!!」とすごい勢いで電話がかかってきたが、やがて消え入りそうな声に変わり、そのまま連絡が無くなってしまった。

これは極端な例かもしれないがしかし、せっかく資産運用に取り組んだのに成果を挙げられない人には、一つの特徴があった。

それは「勝ちたい」「儲かりたい」と考え、意思決定をする人だ。

逆に、「負けない」「損をしない」と考え意思決定をする投資家は、着実に成果をあげる人が多かったと思っている。

そして今、これは決して株式投資だけではなく、会社経営や人生、転職や麻雀ですら有効な考え方だと確信している。

では、この「勝ちたい」と「負けない」という二つの考え方。同じような価値観に思えるが、いったい何が違うのだろうか。

なぜこれで戦えるのか

話は変わるが、先の大戦の激戦地といえば映画『硫黄島からの手紙』でも描かれた、小笠原の硫黄島を思い浮かべる人も多いのではないだろうか。日米の島嶼《とうしょ》戦において、米軍の死傷者数が日本軍を上回るほどの大激戦となった、数少ない戦場である。タラワやサイパンの戦いでは、日本軍守備隊は大きな成果を挙げられないまま短期間で全滅してしまっていることを考えると、驚くべき戦果だろう。

ではそれら敗戦から半年や1年余りで、いったい何が変わったというのか。

それまで、上陸阻止戦の常識といえばどこの国でも〝水際作戦〟を用いるのが一般的だった。すなわち、海岸線に上陸してくる敵を強固な堡塁《ほうるい》で迎え撃つというものである。肌感覚でもわかると思うが、小型の舟艇などで上陸をしてくる敵兵はほぼ丸裸になる。そこに迫撃砲1発でも撃ち込めば、一度に数十名程度の敵を無力化できるので、狙わない手は無いというものだ。

しかし米軍には、このような戦い方は全く通用しなかった。米軍は上陸作戦を行う際、入念な準備で空爆し島の構造物を破壊すると、さらに上陸作戦時にも強烈な艦砲射撃で海岸線付近を徹底的に破壊する。海・空を掌握している米軍にとって、海岸付近の堡塁など「ここにいます」と言っているようなものなのだから、当然だ。このようにして、旧来の作戦で戦ったタラワやサイパンで、日本軍は敗れていった。

では、これら敗戦を教訓にした硫黄島守備隊の指揮官、栗林忠道・中将はどうしたか。

栗林は、もはや海岸線での防衛は無意味であると考え、水際作戦をほぼ全て放棄する。そして内陸部に広大な地下要塞を建設すると、まず敵を上陸させ、上陸した敵を坑道など複雑な地形に引き付け、そこで挟撃する作戦を採った。

いわば大規模なゲリラ戦ということだが、劣勢な戦力で優勢な戦力に対抗するには、現代においても極めて有効な戦法である。実際に米軍は、5日で落とすと豪語していた硫黄島攻略に40日近くもの代償を支払い、守備隊以上の死傷者を出す結果になったことは先述のとおりだ。

しかしその上で、ここで言いたいことは

「戦法を変えたので、日本軍守備隊は成果を挙げることができた」

というような話ではない。

「なぜそんな戦い方を、本当に実行できたのか」

ということだ。

硫黄島は、その名が示す通り灼熱の火山島である。年中高温で、戦前は硫黄の採掘で生計を立てる島民が1000人ほど暮らすだけの、ただ生きているだけでも過酷な島だった。そこに、島民を疎開させ2万人の将兵が渡ってきたわけだが、1000人がギリギリ生活できるだけの島に2万人が渡ってきたらどうなるか。水も食料も足りず、かといって本土からは1000km以上も離れているので、まともな生活すらできるわけがないというものである。

想像して欲しいのだが、もしこんな島に渡り、食料も水もないまま過酷な戦闘を命じられたら、何を思うだろう。勝てるわけがなく、生きて帰れないことは末端の兵士でも理解できる戦場である。恥ずかしながら、私ならまともな士気や精神状態を維持できるかすら、自信がない。

そのような島で、栗林は将兵たちに1日でも長く生きて戦うことを厳命した。灼熱の地下壕に立てこもり、水も食料もないままに戦い自決をすら厳禁した。そんな状態で、日本軍は最後の一兵に至るまで高い士気で戦ったからこそ米軍に大打撃を与えられたのである。なぜこんな悪条件で、ここまで組織を統率できたのか。

尊敬できるリーダーで良かった

その答えを探るヒントとして、こんな話がある。

栗林が硫黄島に着任したのは、米軍が上陸する1945年2月からさかのぼること8

ヶ月前の1944年6月であった。そして着任すると直ちに、自分自身を含めて幹部・将校全員に対し、一兵卒と同じ食事を摂ることを命じる。

当時の陸軍中将と言えば貴族的な存在であり、食事の皿の数も規則で決まっていたのだが、栗林は、「ならば空の皿を並べろ」と命じたほどだった。

なおこれは決して精神論ではなく、兵士たちがどの程度の栄養を摂れており、どの程度の体力を維持できているかを肌感覚で知るためのものだった。水も食料もない島で戦う指揮官として極めて現実的な判断であるが、しかしそんな指揮官を将兵がどう思ったか、想像に難くないだろう。

またある時、本土から貴重なキュウリやトマトなどの生野菜、真水が自分宛ての荷物で届けられた時のこと。栗林は涙を流しながらそれを受け取ると細かく刻み、その全てを部下に分け与えたと、参謀本部の朝枝繁春・中佐が記録に残している。野菜や水が届いたことを部下のために泣くような指揮官など本当なのかと、胸が詰まる話である。

このようにして8ヶ月間、絶海の孤島で2万人の将兵を想い毎日現場を歩き、現場を正しく把握することに努めていた指揮官であったが、開戦前には2万人全員が栗林の顔を知っていたという。それほどに、現場も将兵も大事にした栗林は万全の体制で、米軍上陸を迎え撃ったということである。

先に私は、「まともな士気や精神状態を維持できるかすら、自信がない」と書いたが、しかし指揮官が栗林であればきっとこう思うだろう。

「死ぬことは避けられないだろうが、せめて尊敬できるリーダーで良かった」と。

硫黄島で米軍を苦しめたのは確かに、地下壕にこもるゲリラ戦が有効だったからだろう。しかしそのような戦い方を本当に維持・実行できたのは、栗林が指揮官だったからこそに、他ならない。

このようなリーダーシップが、今を生きる私たちに示唆することは余りにも多い。

バカでもできるリーダーシップ

話は冒頭の、「勝ちたい」と「負けない」についてだ。なぜ「勝ちたい」「儲かりたい」と考える人は敗れ、「負けない」「損をしない」と考える人は生き残れるのか。

株式投資に限らず、経営でも麻雀でも同じだが、「勝ちたい」という欲望が前に来る人はだいたいたいが、〝良い情報〟しかみようとしない。パチンコにハマっている人がいい例だろう。

あのような博打とも言えない博打は、「負けない」「損をしない」と考える人は近づきもしないが、「勝ちたい」「儲かりたい」と考える人たちは次々と万札を突っ込んでしまう。勝った時の記憶、すなわち〝良い情報〟を根拠に結果を予測するからだ。当然、長い目でみて敗れるに決まっている。

一方で「負けない」「損をしない」と考える人は、たとえ麻雀で良い配牌がきても決め打ちなどしない。河（捨て牌）や点数を考慮し、他のプレイヤーの狙いを推測し、リスクと選択肢を探る。

経営者に置き換えれば、良い情報に舞い上がらずマーケットを俯瞰し、「やりたいこと」ではなく「やるべきこと」を探るリーダーであるといってよいだろう。だから「負けない」「損をしない」と考える人は生き残るということである。

そして話は、栗林忠道・中将の戦い方についてだ。栗林にとっての硫黄島は、「勝つため」ではなく「敗けないため」に生き残ることを義務付けられた戦場だった。

米軍に長期間・大規模な損害を与え続けたらやがて米国内で厭戦気分が広がり、世論に押されて和平交渉の機運が広がるかもしれない。若い頃、米国に留学していた栗林はそれを知り尽くしていた。だからこそ、目の前に小さな〝勝ち〟が見えても軽率な攻撃など選ばず、一日でも長く戦うため一人ひとりの命を大切にしたということだ。

攻撃、すなわち「勝ちたい」と思って突撃するなど、バカでもできるリーダーシップである。

しかし「負けない」ための組織を作り、修身に努め、戦いにあってはひたすら耐えることができるリーダーとなると、めったにいるものではない。それこそが、歴史に残る激闘を指揮した栗林の、本当のすごさであったのではないだろうか。

長い目で見た時の「勝ち」などというものは、負けないように忍耐強く10年待ってはじめて、1回訪れるかどうかのレアなものだ。企業経営者であれ駆け出しのビジネスパーソンであれ、まずは「負けない」ことを意識しながら日々の務めをこなしつつ、〝その時〟のために力を蓄えてほしい。

そんな目標を持った時、栗林中将の生き方からきっと多くのことを学ぶことができると、確信している。

4　なぜロシアは今も昔も弱いのか

年下のリーダーが胴上げされた

私には少し、不思議な記憶がある。もう40年ほども前、小学生だった時のことだ。私が通っていた学校では、４年生以上の子どもにはクラブ活動に参加する義務が課せられていた。といっても、２週間に１回だけ開催される他学年との交流が目的の場なので、本格的なものではない。そのため余り深く考えず、私は漫画クラブを選んだ。皆で漫画を読み、自作漫画を描いて読み合うような、のんびりとしたクラブである。

そしてクラブ初日、部長を決める会議が開かれた時のこと。当然のことながら、年齢が絶対の昭和の小学校では６年生から部長を選ぶのが〝鉄の空気〟である。にもかかわらず、６年生でリーダー格の梅本くんに加え無謀にも、４年生の竹野くんまでが部長選に立候補してしまう。そして投票の結果、なぜか竹野くんの方が当選してしまったのだ。

当然、上級生である梅本くんはおもしろくなかったのだろう。彼は上級生風をふかせて竹野くんに嫌がらせのようなことまでしてしまい、とてもギスギスした空気でクラブはスタートすることになる。

ところがである。1年後のクラブ活動最後の日、竹野くんがクラブの終了を宣言すると、梅本くんが立ち上がり、

「おいみんな！　最後に竹野を胴上げしようぜ！」

と言うやいなや部員全員が黒板に殺到し、竹野くんを持ち上げ3回、5回と天井に向かって胴上げを始めてしまった。さらに手作りの記念品を渡し、彼のリーダーシップにメンバー全員でお礼を伝えるというサプライズまで起きてしまう。胴上げされ、プレゼントを貰った竹野くんは感動のあまり号泣し、とても思い出深い解散の日になった。

しかしいったいなぜ、私たちは竹野くんにあんなことをしたのか。なぜ、自然発生的に胴上げまでするほど、彼のリーダーシップをメンバー全員が認めたのだろうか。

ずいぶんと昔のことでとっくに記憶から消え去っていたのだが、最近ふと、クリアに思い出す出来事があった。

なぜハッタリが通用したのか

話は変わるが、「児玉源太郎」という名前を聞いて、どのような人物か語れる人はあまり多くないのではないだろうか。1904年から1905年にかけて戦われた日露戦争において、陸軍の総参謀長を務めた人物であり、司令官である大山巌《いわお》を支え日本を勝利に導いた最高幹部の一人だ。現実主義的な作戦を立案し、なおかつ敵の意表をつく攻撃でロシアを混乱させるなど、本来であれば近現代史の教科書に、いちばんに名前が出てくるべき人物である。

そんな児玉が実施した作戦の中で、特に世界を驚かせたのが日露最後の大会戦、奉天《ほうてん》会戦の際の用兵であった。

この際、日本陸軍の兵力は史料によってバラツキはあるものの概ね20万〜25万、対するロシア軍は35万〜40万である。ロシアの数的優位は決定的で、日本の2倍近い勢力だ。

そしてそんな中で会戦が始まると、児玉はなにを思ったかロシア軍にいきなり包囲戦を仕掛け、左右だけでなく後方にまで回り込み、攻撃を開始してしまう。

しかしこのような戦い方は通常、数で相手を圧倒する方が選ぶ作戦であり、メチャメチャである。軍事知識が無い方でも容易に想像がつくと思うが、数が少ない方の軍勢が広く分散し、数に勝る敵軍を包囲しようとすると、どうなるか。容易に寸断され、後は孤立した部隊を個別に殲滅されるに決まっているではないか。3人で6人の敵を包囲しようと広がったところで、逆に1人が2人に囲まれて潰されるということである。

にもかかわらず、日本はこの奉天会戦に勝利し、ロシア軍は敗走する。史料によっていくつかの解釈はあるものの、日本軍の非常識な作戦にロシア軍司令官・クロパトキン大将が戦況を誤認したというのが今日、一般的な解釈になっていると言ってよいだろう。俗っぽい言い方をすれば、「日本軍のハッタリにビビって」しまい、潰走したということである。

しかし冷静に考えて、これはそれほど単純化して良い話であるはずがない。なぜか。

「普通なら、ハッタリなど通用しない」
「普通なら、非常識な作戦は実施されない」
「普通なら、失敗が確実な作戦は失敗する」
「普通なら、ムチャな命令は士気が崩壊して戦いにならない」

のである。何故、この「普通なら」を全て覆し、勝つことができたのか。

全ての責任は俺が取る

そのヒントになる、こんなエピソードがある。

まだ43歳、陸軍少将であった若き日の児玉は日清戦争の時、中国大陸から戻ってくる帰還兵の検疫責任者を任されたことがある。大陸から帰国する二十数万もの将兵を港に留め置き、日本国内に感染症を持ち込ませないために必要な検査を行う事業責任者だ。

しかしながら、凱旋勝利を果たし鼻息も荒く帰国した将兵は、検疫所に何日も何週間も留め置かれることを強烈に拒んだ。そこで児玉は、現場責任者に抜擢した後藤新平に対し、こんな命令を下す。

「苦情は全て、俺が受け止める。責任も全て、俺が取る。お前は国内に感染症を持ち込ませないために、やるべきことを徹底的にやれ」

その児玉の言葉を信じ、後藤は検疫の現場でどれほど階級が上の軍人や役人から脅されても、決して妥協しなかった。一人の例外もなくルールを徹底し、二十数万人もの大検疫事業を徹底してやり遂げることにのみ、集中した。

そして検疫事業が終わった日、離任の挨拶に訪れた後藤に対し児玉はこう告げる。

「これはお前の勲章だ。誇りに思え」

そこにあったのは、大きな箱から溢れんばかりの手紙の山である。上官である児玉に対し、後藤を罷免するよう求めるもの、後藤を激しく攻撃するものなど、苛烈な怒りに満ちたものばかりであった。その全てを児玉は一人で受け止め、後藤を守り続けたということである。

こんな上司が自分にいてくれたら、どれだけ心強いだろう。すべての責任は自分が取ると宣言し、部下には「やるべきことをやれ」と、シンプルに求める。そしてどれほどの〝偉い人〟から脅されても、部下のために体を張り、筋を通すのである。そんな上司であれば心から信じ、心酔すらしてついていけるのではないだろうか。

そして日露戦争の時、そんな児玉が総参謀長として陸軍全体の作戦指導を担うことになった。きっとこの時も、彼は各部隊・指揮官に対しこう言ったのだろう。

「全ての責任は俺が取る。やるべきことをやれ」と。

自分の上司を心から信じられる組織というものは、本当に強い。命令に従うことに迷いがなく、やるべきことに安心して、全員が全力で集中できるのだから。

このように児玉を信じ、勝つことを信じて突き進む日本軍の勢いはそれこそ、「これが数に劣る軍勢の士気であり、動きであるはずがない」

と、ロシア側を誤認させるのに十分であっただろう。このようにして「ムチャな作戦」は「現実的な作戦」に変わり、「ハッタリ」は「現実的な恐怖」になって、ロシアを潰走させた。

日露戦争における日本の勝利は奇跡でもなんでもなく、「組織とは、リーダーによってここまで変わることができる」ことを証明した、歴史から学ぶべき大いなる教訓ということである。

胴上げの理由

そして話は冒頭の、竹野くんについてだ。なぜ最後の日、上級生は下級生である彼を胴上げまでして、そのリーダーシップを認めたのか。

すっかり忘れていたのだが、当時こんな出来事があった。

漫画クラブとは言え、やはり小学校なので持ち込んでいいのは学習漫画や、ギリギリで『ドラえもん』などの、保護者も認めるような作品だけという不文律があった。しかし自作漫画を描くにあたり、部員の中からもっと俗っぽいギャグ漫画や、『少年ジャンプ』なども持ち込み、参考にして模倣したいという意見が出る。そして皆で議論した結果、次のクラブの時にはそれらを持ち込んで参考にしようということになった。

しかしクラブ当日、これが巡回の先生に見つかり、大問題になってしまう。

「こんな漫画を持ち込むなんて、聞いていない」

これに対し、竹野くんが一人立ち上がり返事をする。

「僕の責任です。どこに行って、誰に謝ればいいでしょうか」

その場にいた全員が、驚いた。竹野くんは誰の発案であるとも、皆で決めたことであるとも言い訳しない。ただ、責任を取って必要なことをすると申告し、リーダーとしてこれ以上はないカッコイイところを見せた。

思えば彼は、普段から皆で議論することを大事にし、公正で納得の行くリーダーシップを発揮していたように思う。他人の作品を貶すことは厳禁し、良いところを褒め合う「ブレーンストーミング」のような約束事まで決め、徹底していたように記憶している。

そんな彼に、最後の日に皆から胴上げされるサプライズがあったのも、当然のことだったのだろう。彼は間違いなく、私たちにとって誇るべきリーダーであった。

〝他山の石〟とせよ

そしてこんな古い記憶を私に思い出させたのは、ウクライナ戦争である。

120年前の日露戦争の時も今も、ロシア軍はその装備・兵力にもかかわらず、驚くほどに弱い。プーチン大統領に至っては、大佐レベル（連隊長クラス）の現場指導にまで直接指示を出していると報じられたほどの、デタラメぶりだ。言い換えれば、現場の指揮官・将校が「責任を託される誇り」すら、奪われているのである。

そんな曖昧な状況では、責任の裏付けがないリーダーが指揮を執ることになり、まともに戦えるはずがないだろう。リーダーたちが文字通り無責任で頼ることができないのだから、弱くて当然である。

小学4年生の竹野くんにすら劣るリーダーたちが率いる部隊など、軍事組織でもなんでもない。ただのゴロツキの集団ということだ。

しかしこれを単純に、「だからロシアは弱い」などという教訓にしていいわけがない。

今の日本に、果たしてどれだけの「児玉源太郎」や「竹野くん」がいるだろうか。組織で働くどれだけのビジネスパーソンが上司を信じ、敬愛できているだろうか。

ロシアを〝他山の石〟にしなくてはならない。今のロシアの体たらくはそのまま、日本の経営者・リーダーたちに対する警告だと捉える必要があるのだ。

5 優秀な人材を欲しがるのは無能の証《あかし》である

「台湾に負ける」と感じた瞬間

2010年頃、台湾のある大手部品メーカーを訪れた時の話だ。

「どうぞリラックスして、日本語でお話し下さい」と、日本名が記された名刺を渡されたことがある。肩書きは技術担当の副総経理（副社長）と、相当な重職だ。台湾では誰もが知るような有名上場企業なのに、なぜ日本人がこんな要職に就いているのか。驚き戸惑いながら名刺交換し着席すると、程なくして董事長（会長：CEO）も入室し、人懐こい笑顔で語りかけてきた。

「ようこそ、はるか日本からよくお越し下さいました」

その日本語は淀みなく、発音を含めて全く違和感がない。そんな驚きが顔に出ていたのか、董事長は自己紹介を兼ねて話し始めた。

「日本語は松下幸之助の著書で覚えました。翻訳本では彼の本当のメッセージがわからないので、原著を取り寄せ読んでいるうちに覚えたんです」

「正直、驚きました。しかし発音はどこで身につけられたのですか？　日本に留学されていたのでしょうか」

「いいえ。それがまだ、一度も行ったことがないんです。発音は優秀な副総経理の先生に教わりました」

「副総経理が日本人ということにも驚きました。元々、こちらでご縁があり入社されたのでしょうか」

するとと2人は目を見合わせて笑い、どちらからともなく経緯を話し始める。その話はざっと30分くらい続いただろうか。

結論から言うと私はこの時、台湾は時間の問題でやがて日本を抜き去るであろうことを覚悟した。そしてこの先、日本の長期低迷がさらに続くであろうことも。


ありふれた非凡な〝神様〟

話は変わるが、八田與一《はったよいち》という一人の日本人をご存知だろうか。台湾では知らない人がいないほどの人物であり、1998年には台湾の歴史教科書にも載ったほど、その活躍が広く知られている土木工学の技術者だ。

少し近現代史に興味がある人であれば、

「台湾に世界最大級のダムを建設した人」

「広大な不毛の大地を、台湾最大の農業地帯に生まれ変わらせた技術者」

という程度には知っているかもしれない。

しかしあえてこんな言い方をするが、八田は「ただそれだけの人」だ。巨大なインフラを設計し、技術者として土木工事を指揮したことは事実だが、それだけであれば国内外を問わず近現代、多くの日本人がいただろう。にもかかわらず八田の場合、工事起工100周年式典には蔡英文・総統と蘇貞昌・行政院長のトップ2が揃って出席するなど、その偉業を称えることはもはや台湾の国家的行事にまでなっている。

さらに2004年に来日した李登輝《りとうき》・総統は八田の故郷である金沢を表敬訪問し、次の陳水扁《ちんすいへん》・総統は2007年5月に八田に褒章令を出すなど、指導者が代替わりをしても、その偉業を称える価値観は変わらない。一体なぜなのか。

そんな八田與一は1886年2月21日、今の金沢市八田町に生まれている。実家は裕福な農家であり、1907年9月、東京帝国大学工科大学に入学して土木工学の基礎を学ぶ。そして1910年に卒業すると、日本統治が始まってから15年目を迎えていた台湾に渡り、台湾総督府の職員としてその技術者人生をスタートする。

八田に大きな仕事が舞い込んできたのは、まだ若き31歳の頃、1917年のことであった。台湾南部の開発のため、大規模な水力発電が可能な候補地を調査・測量し、食糧増産のための灌漑計画と合わせて立案せよ、という命令である。

それから3年、原生林を歩き現地の人々と交流を重ねた八田は、台湾最大の平地である嘉南平原全体を灌漑する水利計画と、烏山頭《うさんとう》ダムの建設計画をまとめる。

嘉南平原は香川県に匹敵する大きさで、東京23区の2・5倍に相当する原野だ。烏山頭ダムの建設はそれを潤す一大計画である。台湾全土が九州ほどの面積であると言えば、その事業の大きさがさらによくわかるだろう。

当然のこと、その非現実的な計画を受け取った八田の上司は当初「お前はバカか！」と計画を一蹴するが、八田は譲らない。食糧事情を改善し、貧困や水不足に悩む農民に等しく農業の恩恵を行き渡らせるにはこれしか無いと、計画の遂行を強く主張する。

技術は誰のためにあるのか

八田には、生涯を通じて変わらない一つの設計思想があった。それは「技術とは、その受益者のためにある」という信念だ。よくある官製インフラのように、作ることが目的のハコモノや予算消化のための事業構想とは全く異なる。

実際に八田はこの計画を立てた際、水利を最大限に活かすため、嘉南平原を三つに分け、「3年輪作給水法」を考案し、米、甘蔗《かんしゃ》（さとうきび）、野菜を交代で栽培する出口計画までまとめ上げている。目的から逆算し手段を整える、当たり前といえば当たり前だが費用対効果を最大化する設計思想である。そしてその計画の精緻さに根負けした台湾総督府は、ついにその計画の実行と予算化を認めることになった。

こうして始まった前代未聞の大規模工事であったが、更に圧巻であったのは着工から3年後の1923年に発生した関東大震災と、それに伴う工事予算の大幅縮減の命令に際し、八田が下した決断であった。

東京の復興を最優先した日本政府は不要不急の事業を全て中止し、この工事からも予算を引き剝がすと、技術者の半数を解雇するよう八田に通知する。しかしこのような世界初の大規模事業で技術者を半数も失うと、工事はたちまち立ち行かなくなるだろう。

優秀な人から辞めてもらう

この状況に追い詰められた八田だったが、彼は迷いなく、異例の決断をする。それは「日本人、台湾人の区別なく、優秀な技術者から辞めてもらう」というものだった。

繰り返すが、「優秀な技術者から、辞めてもらう」である。当然のことながら、各領域の職長級からはそれでは仕事が回らなくなると懸念が寄せられるが、八田はこう答えた。

「諸君の心配はわかるが、優秀な技術者なら再就職に苦労はない。しかしそうでないものを解雇したら、家族ともども路頭に迷ってしまうだろう。どうか理解し、その穴埋めに皆で協力して欲しい」

そして解雇するものをひとりひとり呼び出すと、割増の賃金を自ら手渡し、泣きながら詫びた。さらに希望するもの全員の再就職先を自ら手配し、推薦状をしたため、今以上の条件で雇用するよう条件交渉でも前面に立った。

八田にとってみれば、「優秀な技術者ほど、より良い条件での新しい職場を用意できる」という想いもあったのだろう。そして解雇したものに新天地を用意し終えると、改めて烏山頭ダムの建設と嘉南平原の灌漑に向き直り、工事を急いだ。

このような八田の信義と覚悟に接し、自分たちのリーダーに対する敬慕の念を深めないような者がいるだろうか。決して容易ではなかったはずだが、残された技術者や労働者は八田の期待に応え、しっかりとその穴埋めを果たし予定通りの工期で、1930年に全ての工事は完成を迎える。そして乾ききった不毛の原野に豊かな水が導かれ、緑が映える大地へと変貌を遂げた嘉南平原は、台湾最大の農業地帯へと生まれ変わった。これが、八田が成し遂げた偉業だ。

この話を聞き、どのような印象を持たれるだろうか。

私には、八田與一という人はもはや一人の技術者ではなく、途方も無い夢と現実主義に裏付けられた政治家であり、結果を残せる経営者であり、大組織を率いるリーダーが身につけるべきあらゆる資質の体現者であるようにすら思える。

4200万円（台湾総督府予算の44%）という巨額予算の獲得に始まり、渡米しこの大事業を成し遂げるための重機を買い付け、さらに新技術の導入を嫌がる現場に対し、一切の妥協なく自らの方針を徹底させた信念。その実行力たるや、並大抵の政治家や経営者など全く比較にならない。歴史上で、八田に比するほどの勇気、知恵、信義と優しさに溢れたリーダーを、私は他に何人も知らない。

そしてそれから１００年の時を経た今も、烏山頭ダムは嘉南平原を潤し続け、八田の記憶とともに台湾の人たちの心を満たし続けている。

人を大事にする本質を見失ってはならない

話は冒頭の、２０１０年頃の台湾での商談についてだ。なぜ私が今後の台湾のさらなる躍進を覚悟したのか。

副総経理は自らを「私は日本企業をクビになった技術者なんです」と話し始めた。そして誰もが知る大手家電メーカーの名を挙げ、２０００年代初頭にリストラされ、台湾に渡り董事長に拾われたことも。

それに対し董事長は、

「日本の経営者は、技術者を安く考えすぎている」

「人を大事にする本質を見失っては、国も企業も立ち行かない」

と、松下幸之助の生き様を引き合いに、その経営思想を熱く語り始めた。

そして副総経理も、そんな董事長の期待に応え同社の上場と技術革新に多大な貢献を果たし、日本向けの製品でも大きく売上を伸ばしていた。

なんのことはない、日本企業は中高年の厄介払いをしたつもりになって、競争相手にこれ以上はない技術と技術者を無償提供していたのである。貧すれば鈍するとは言え、こんな情けない話があるだろうか。

そしてこの後、私は台北から台中、台南、高雄まで回り多くの経営者とお会いすることになるが、多かれ少なかれ、同じような危機感を叩きつけられることになる。

翻ってみて、今の日本企業の経営者はどのようなメッセージ性を、その従業員や世の中に対して発信しているだろうか。

「解雇規制を緩和すべきだ」

「国際競争力を高めるため、定年年齢の引き下げを」

といったように、人を資産ではなく負債であると捉えているリーダーの発信が目立つということはないだろうか。

もちろんこれらは、メディアによりセンセーショナルに切り取られている側面はあるだろう。また時代の変化の中で、これら経営者の危機感には一面の真理もあり、感情的に批判ばかりをしても得られるものは少ない。

しかしその一方で、少なくない経営者が「優秀な人だけを集めれば会社は上手くいくのに」などと、情けない夢想をしているのもまた事実ではないだろうか。

断言をしてもいいが、優秀とされる人だけを残しても組織は決して強くならないし、凡人とされる人だけを集めても弱い組織になるわけではない。

組織の強さとは、どこまでいってもリーダーの強さと覚悟の鏡映しである。

「当社には国際競争力がない」と思うのであれば、それは「リーダー自身が世界で戦うほどの器ではない」というだけに過ぎない。従業員の解雇が難しいことを嘆くなら、自分の身の振り方を考えるべきだ。

時代が変わり、日本は様々な社会制度を見直す必要があることは事実だろう。しかし時代は変わっても、守り続けるべき価値観がある。それは、「人は負債ではなく、資産である」という揺るぎない真実である。

そしてそんな生き方と価値観を貫いたことこそが、「一介の土木技術者」が台湾を挙げ、今も敬慕の念を集め続けている本当の理由なのではないだろうか。

「人を大事にする本質を見失っては、国も企業も立ち行かない」という原理原則。

それを今、今度は私たちが台湾の人たちから学ぶ番なのかも知れない。

6　どれだけ部下に裁量権を渡せるか

コスパってなんだ？

「遠くのスーパーに行って、特売品を買ってる？　その分、バイトでもしたほうが得だろ……」

表現の差はあれ、こういった〝説教〟をされたことがある人は多いのではないだろうか。時間の使い方がわかってない、投資を理解していないという趣旨の話だ。

確かに、1時間も働けば1000円になるのが令和の給与相場だ。買い物で500円節約するより、働いたほうが得なのはその通りなのだろう。

しかし私は若い頃から、この説教に納得したことが一度もない。

「そもそも、そんな都合のいいバイトがあるわけないだろう」

という話とは違う。現実的な話やコスパ以前に、人として間違っているというレベルで違和感がある。

その違和感について、オッサンになってわかったことが、二つある。

一つ目は、この説教を好んでいた上司たちはほぼ例外なく、ビジネスパーソンとして成功したとは言えない形で、リタイアしていったことだ。

そして二つ目、１時間掛けて１００円の節約にも挑戦していた同僚たちこそ今、敬愛できるビジネスパーソンになり、活躍している。

その理由が今、やっと理解でき始めている。

寓話的教訓など要らない

話は変わるが、高級百貨店として知られる米国のノードストロームについてだ。インターネット通販の台頭でだいぶビジネスモデルが変わっているようだが、それでも１２０年以上続く、米国を代表する老舗企業の一つである。

「絶対にノーといわない百貨店」

「必ず返品に応じる百貨店」

同社を表す異名は数多く、また多くのビジネス書も出版されるなど、〝顧客満足〟の代名詞的な企業といっていいだろう。

そのノードストロームについて、こんな話がある。

ある時、一人の女性がセールを目当てに来店した。しかし彼女が気に入ったスラックスは残念ながら、ちょうどいいサイズの在庫がない。対応にあたった販売マネージャーは地区全ての店舗に電話をかけて探すが、残念ながら見つけることができなかった。その時、ふと思い出す。

「そうだ、ライバル店に同じスラックスがあったはずだ！」

するとマネージャーはすぐさま向かいの店舗に行き、それを買ってきてしまう。そして顧客には、それをセール価格で渡すことまでやってしまったのである。

こんなことをされたら、自分ならどんな気持ちになるだろう。一発でその店、その店員さんの永遠のファンになるに決まっているではないか。

また世界中のファンを魅了して止まない、ディズニーランドの話だ。

ある時、ディズニーランドで人気のスペースマウンテンに並んでいた女の子がいた。その子は買ってもらったばかりのアイスクリームを舐めながら、自分の順番を待ちわびている。しかし間もなく乗れるという時になって、アイスクリームを持ったままでは乗れないことに気がつく。

号泣する女の子。するとそれに気がついたスタッフが駆け寄ると、こういった。

「大丈夫！　お姉さんが持っててあげる。出口で待ってるね！」

そして女の子が出口から降りると、そこには笑顔で待つ、さっきの女性スタッフ。その手には、新しいアイスクリームがあった。

実は女性スタッフは、アトラクションの運用時間から計算し、女の子が出てくる直前に近くの売店で同じアイスを買って、出口で待っていたのである。女の子は気が付かずに無邪気にお礼を言うが、当然、両親はそのスタッフの演出に心から感動しただろう。

この親子がディズニーランドの永遠のロイヤルカスタマーになり、友人たちにもその夢のような体験を語ったであろうことに、疑いの余地はない。

このノードストロームとディズニーランドの話から学ぶべき考え方は、なんだろうか。

それは決して、「顧客満足は素晴らしい」などという表層的な、寓話的教訓などではない。

「現場担当者がなぜ、自分の判断でそこまでのことを、その場で決められるのか」

という組織運用の知恵についてこそ、考えるべきである。

自分であれば同じ場面で、同じことを即断できるだろうか。おそらく多くの会社では、こんなことをして経費を持ち出したら猛烈に怒られるか、下手したら自腹を切らされるだろう。そんなことはゴメンなので、99％の人はおそらくこう応じるはずだ。

「お客様、もうしわけございませんがお力になれません」

そして顧客はがっかりして去っていき、二度と戻ってこない。ではなぜ、この両社では可能なのか。

「決定するのは皆さん自身です」

ノードストロームの従業員ハンドブックには、ルールその1にこう書いてある。

「当社では、いかなる場合も、決定するのは皆さん自身です」

その明文化とともに、現場の裁量は全て一人ひとりの従業員にあることをルール化している。逆に言えば、顧客満足に反する消極的な判断をすれば、それはルール違反になる。

これはディズニーでも同じだ。ディズニーでは「ゲストに魔法をかけ続けること」を、もっとも守るべき価値観に置く。そのために必要な判断と裁量をすべて、全キャストに与えている。

〝リスクを恐れる〟のは顧客のためではなく、自分の保身のための判断なのだから、当然、ルール違反である。

「そんなことをして、万が一のことがあったらどうするんだ！」

二言めにはそんな事を言って仕事を妨害する、私たちがよく知るダメ上司など、そこには存在しない。存在できない。いたとしても、すぐに解雇されいなくなるだろう。

「しかし現場にそこまで大きな裁量を与えたら、リスクがあるだろう」

そんな疑問を持つ人も、少なくないかもしれない。かつて、同じ疑問をぶつけられたノードストロームの上級副社長、レン・クーンツは、それにこう答えている。

「ほとんどのことは、良識さえあれば判断できます」

部下を信じないのであれば、それは仲間の良識を疑っていることに他ならない。言い換えれば、そんな上司こそ良識がない、不適格のリーダーということである。

ただそれでも、まだ疑問は残る。いくら制度として定め、現場に裁量を与えても、そこまで大胆な意思決定など簡単にできるものではない。なぜ自発的に、そこまでのことができるのだろうか。

いや、なぜ顧客のためにそこまで、尽くそうと思えるのだろうか。

極上の一皿

話は冒頭の、「コスパの悪い節約」についてだ。なぜこのような説教をすることが、人として間違っていると言い切るまでの違和感があるのか。

私たちには無限のお金などない。大金持ちであったとしても、全ての問題をお金で解決しようとするのであれば、そのような人は必ず淘汰されるだろう。

むしろお金以外の解決方法からこそ良い知恵と最適解が生まれるのが、私たちの経験知だ。なぜそんなことが言えるのか。

経営再建に携わっていた頃、私は報酬を返上し、生命保険も全て解約するなどギリギリまで家計を追い込んだことがあった。

そんな中、休みと決めた日の趣味では、料理を楽しんでいた。しかしぜいたくな食材を買うことはできないので、買えるものと言えば遠方の業務用スーパーで買う特売の鶏胸肉か、たまの贅沢で牛すね肉である。もちろんそのまま焼いたのではパサつき、固くて食べられたものではない。

しかしどちらの素材も、丁寧に下処理し、あるいは長時間弱火で煮込み食べ頃を間違えなければ、極上の一皿に変わる。当然のこと、それにかかる手間暇や時間はなかなかのものだ。

もしその時間を、「アルバイトでもして、ビストロに行ったほうがコスパが良いだろう」というのであれば、どうだろう。そのような浅慮《せんりょ》で世の中をわかった気になり、説教をする人に、共感できるだろうか。

食べてくれる人を想い、心を尽くした先には必ず、時間やお金以上の気づきがある。それはきっと、「お金を尽くすよりも心を尽くす方が、実はコスパが良い」という事実である。

手間暇を掛け心を尽くし、絶品の一皿に仕上げた料理には、それを教えてくれる力が間違いなくあった。

「売り物の本質」は何か

そして話は、ノードストロームとディズニーについてだ。両社に通じる顧客満足の本質は結局のところ、「鶏胸肉」であり「牛すね肉」なのだろう。

どんな商売でもそうだが、顧客は簡単にロイヤルカスタマーになどなってくれない。形ばかりのノベルティや値引きセールなどでいくらお金をかけても、人の心が動くわけなどない。心を尽くし、その想いが相手に届いた時、はじめてロイヤルカスタマーになってくれることを私たちはよく知っているはずだ。

自分自身が、そうなのだから。

それこそが、本当の意味で取り組むべきコスパの良い投資だ。売り物の本質は決して「スラックス」や「スペースマウンテン」ではなく、「顧客の幸せ」ということである。そして人は、自分のサービスで人を幸せにする「気持ちよさ」を覚えたら、あとは勝手に仕事をするようになる。顧客が幸せを感じてくれる時、実は顧客以上に幸せなのは、自分だからだ。

だからこそ、仕事ができる人とは「コスパのいいビストロ」ではなく、「鶏胸肉や牛すね肉に丁寧に向き合う人」なのだろうと、確信している。

社員皆が「顧客を幸せにしたい」と願える仕組みがあれば、どんな業種でも必ず成功できる。ノードストロームとディズニーの成功は、そのことをこそ、教えてくれている。

逆に言えば、従業員が顧客の幸せを優先できない会社など、顧客も従業員も不幸でしかない、淘汰されるべき企業ということだ。

自分の会社はどうであるか。会社経営者やリーダーは改めて考えてみてはいかがだろうか。

第2章　組織を壊しているのはリーダーである

1　転職が癖になる彼に伝えたかったこと

今は辞めるな！

もうだいぶ以前の話だが、部下から厳しく詰め寄られたことがある。

「今の給料のままでは先が見えません。もう本気で会社を辞めようと思っています……」

ムリもない話で、給与は業界平均よりも低く、賞与と呼べるような金額も支給できていない会社だ。昇給も望めず、将来に希望も持てないのであれば、若い社員ほどやる気を失ってしまうのは当然だろう。

いつか彼と飲んだ時、結婚を考えている女性がいると話してくれたことがあるので、なおさらである。

「気持ちはわかる。俺が同じ立場でも、転職を考えると思う。だけど給料だけが理由なら今は辞めるな。副業で稼いで、選択肢を増やすことを考えろ」

「就業規則で禁止されてるじゃないですか、ムチャ言わないで下さい」

「バレないようにやればいい。有能な社員を失うことを考えたら、大した話じゃない」

そして、担当役員の職責で引き受けるので存分にやって構わないこと。資格や経験も十分にあるので、プラス10万円程度ならすぐに稼げるだろうからまずは考えてみろと伝えた。

「ありがたく思いますが、体もキツイので十分な収入をくれる会社に移りたいんです」

「まあそうだよな……。正直、説得材料がないので俺もこれ以上、引き止める方法がない。後はよく考えて、結論を出せ」

「……そうします、ありがとうございました」

結局彼は程なくして会社を去ってしまったが、強引に止めるべきだったかと今も思い出すことがある。彼はきっと、転職を繰り返し詰んでしまうタイプだとわかっていたからだ。

セクハラ三昧の社長

話は変わるが、私には小さなデザイン会社を経営している長年の友人がいる。悪いやつではないのだが、少し歪んだ価値観を持っており、特に女性関係では飲むたびに聞くに堪えない話題を振ってくるオッサンだ。

「事務所で長期インターンの女子大生を迎え入れたんだわ。オレの仕事を見て憧れたそうで、『社長の下で学びたい』って、岡山からわざわざ上京してきてくれてな」

血色の良い満面の笑みで話す彼を見て、話はだいたい想像がつく。しかしこの日の鬼畜っぷりは、想像以上にドン引きだった。

「知っての通り、ウチの嫁さんは3人も子供生んでるやろ？　もう女として見ることなんかムリや。そんな時にこんな若くてかわいい女子大生に慕われて、もう嬉しくて仕方ないねん」

「おい、相変わらずムチャクチャやな。まさかセクハラまがいのことしてへんやろうな?」

「心配すんな、ウチの近くにマンション借りて住まわせてるだけや。仕事終わった後も、部屋まで送ってちゃんと研修してるぞ」

……心配の次元を突き抜けている。それをセクハラと言うんだと喉まで出かけたが、オレに何を答えさせたいのかと聞くと、さらにアクロバティックな事を言いだす。

「スマンスマン。実は気がかりなことがあって、こっちで仲のいい男ができたらしいねん。彼氏じゃないっていうんやけど、オレに隠れて何度か遊んでるらしくてな」

「だからなんやねん、女子大生なら恋愛の一つもするやろ。お前の愛人になるよりよっぽど健全やわ」

「そう言うなって、もしかしたらまだ処女かもしれんのにもったいないやんけ。なにか今のうちに、別れさせるいい方法はないかな?」

そして彼女にはデザインの才能があること。今、自分が師匠としてしっかりと教えたら才能が開花する可能性があること。インターン生として上京してきた以上、男と別れて修業に専念すべきではないのかと熱心に語る。身勝手な性欲と支配欲を正当化するイカれた論法だが、目が本気だ。

「悪いこと言わねえから、その子を女性として見るな。インターン生の性別は、お前にとって何の意味もない。立場をわきまえろ」

そんなことをアドバイスしてその日は別れたが、彼はその後もまだ、その女子学生がどれほどかわいいのか語り続けていた。まあ、女子学生が彼を相手にするとも思えないので、すぐに収まるだろう。

そう考え適当にいなしていたある日、また彼から飲み会の誘いが来る。しかし今度は明らかにテンションが低く、雑な文字列で自棄《ヤケ》酒の予告だ。

「聞いてくれ……。例の女子大生、なんかおかしいと思って後をつけたら、男とホテルに入っていったねん。あれだけ世話してやったのに、これは裏切りや。もう処女じゃないんやぞ?」

既に飲んでいたのか、席についた時にはもう酒臭い。大声でエゲツナイことを言い出し、バーボンをロックで呷《あお》る。

「彼氏とやったらラブホぐらい行くやろ。何がアカンねん」

「インターンは修業に専念すべきや。オレの教えが守れんやつを弟子にできるか。頭きたんで実家に電話して、『あんたの娘はインターンにかこつけて東京で男とセックスしてます』って言ってやったわ」

そして即日、女子大生を部屋から追い出しインターンとしても追放したこと。彼氏には、腹いせに彼女を親元に帰らせたとSNSからメッセージを送りつけたことなどを、一気にまくし立てる。常軌を逸しているが、下手に口を出しても逆効果だ……。

「なるほどな。で、俺は何を言えば良い？」

「スマンな、実は見てほしいものがあるねん」

そういうと彼は、紙袋から一枚の白いTシャツを取り出した。洗濯をしていないのか、汗染みが変色しまるで清潔感がない。

「みてくれここ。首周りが茶色くシミになってるやろ？」

「……」

「これ、彼女が部屋に置き忘れていったんや。縫い目に染み込んだ汗ジミ、若い女のいい匂いがするやろ？　追い出したこと、後悔してる。俺、どうしたらいいかな？」

これは昔話ではない

さて、カンの良い人であれば既にお気づきだと思うが、先の狂人経営者は私の友人でもなんでもない。明治の末、1907年に著された自然主義文学の名作・田山花袋の『蒲団』のあらすじを、現代風にリメイクしたものだ。

原作では小説家の主人公をデザイン事務所経営者に置き換え、蒲団の描写をTシャツに置き換えているが、セリフやキモさは原作をできるだけ踏襲し再現しているつもりである。レトリックとはいえ、文学史に残る名作を使わせて頂いたことを先にお詫びしたい。

そしてこの小説のすごいところは私小説、すなわち自分の体験談をベースにし、自らを主人公にして描いた物語ということだ。主人公はもちろん花袋自身であり、モデルになった女子学生、その彼氏も実在の人物である。

発刊された当時、世間が驚き、名作とされた理由についてメディアにより多少の差はあるものの、概ね以下のような評価になっている。

「中年男の嫉妬という、とてつもなく矮小《わいしょう》な事柄さえも、やはり小説になるのだということを花袋は明らかにした」（2020年7月18日・朝日新聞「古典百名山：83 田山花袋「蒲団」 平田オリザが読む」）

言い換えれば、そのアンモラルさや鬼畜な内容で〝炎上〟したわけではない。世間によくある〝オッサン嫉妬物語〟を描写する技術・手法が斬新で見事であり、評判になったということだ。

女性や弟子の扱い方も、世相を反映しリアルだったのだろう。令和の価値観では間違いなく炎上モノだが、時代背景を考えればなにもおかしくなかったということである。

しかしここで〝問題〟になるのは、果たしてこれは100年以上前の世界観だろうか、ということだ。立場の強い経営者が従業員を理不尽に服従させ、身勝手な欲望で振り回すのは本当に、過去の価値観といい切れるだろうか。

ブラック企業で働く人、師匠と弟子の人間関係、モラハラ夫のパートナーとして専業主婦をする女性……。程度の差はあれ、理不尽な感情に心身がすり減らされている人にとっては、これは決して昔話などではないはずだ。

人生の選択肢を増やせ

そして話は、冒頭の私の元部下についてだ。なぜ私が彼に副業を勧め、また離職を選ぶと転職を繰り返し、人生が詰んでしまうと考えたのか。

彼はルーティンワークの消化では頼りになる優秀な若手だったが、一面で他人への依存心が強いタイプだった。トラブルに際しては必要以上に取り乱し周囲に頼り、自分の強みを作りきれずにいた。そんな彼が「転職さえすれば、給料は上がるはずだ」と考え他社に移ったらどうなるか。

「転職さえすれば、人間関係が良くなるはずだ」

「転職さえすれば、もっと成長できる仕事を任されるはずだ」

そんなふうに、問題の所在を〝自分以外の誰か〟に求め、その解決を〝自分以外の何か〟に頼ろうとし続けてしまうだろう。だからこそ、給料だけが問題なら副業で稼ぎ、〝人生の選択肢を増やせ〟とアドバイスしたということである。

私たちは収入手段を複数持つだけでも心に余裕が生まれ、理不尽な命令や環境をバカバカしく思えるようになれる。自分の価値観で仕事を選べるようになり、転職の選択肢も人生のチャンスも驚くほどに広がる。

言い換えれば、経済的・心理的に会社や誰かに依存すると、それが理不尽さを受け入れる弱みになってしまうということだ。まるで女子学生が、〝デザイン事務所経営者〟

から様々なハラスメントで追い込まれ、クビにされたように。

終身雇用の崩壊した時代、もはや会社という組織に依存しても何もいいことはない。「副業禁止」などという規則は、「社員に会社への依存を強制するルール」であり、もはやモラハラともいうべき悪手だ。依存させておきながら終身雇用が約束されないなど、こんな理不尽な会社に優秀な人材が集まることは、もうないだろう。

だからこそ、ビジネスパーソンはぜひ複業・副業でスキルを磨き、人生の選択肢を増やして欲しいと願っている。

なお余談だが、田山花袋の『蒲団』は間違いなく文学史に残る名作ではあるものの、「キモいオッサンのキモい小説」などという悲惨なレビューを見かけることも多い。しかし実は、そのレビューこそが人の心に爪痕を残す名作の由縁だと、リスペクトしている。

ここまで赤裸々な本音をタブーなしに書き切るなど、およそ凡人にできるようなことではない。

少なくとも私は書けない……。

2　最凶のパワハラは「無駄な仕事」である

「キツい仕事」ってなんだ

人生で一番キツかったアルバイトと聞かれたら、即答するのは交通警備員で経験した、ある現場の思い出だろうか。

その仕事は、国道に通じる田舎の市道を深夜22時から朝6時まで、６００ｍほど通行止めにするものだった。そして私の役割は、通行止めの入り口に立って「バリケードに異常がないか、ただ見張っているだけ」というものである。

1月下旬、工事現場は受け持ち場所から全く見えず、作業音すら聞こえないのでとにかく暇で寒い。真っ暗闇の深夜、雪が降る山間部の静寂の中に一人、ただ立っているだけのお化けの真似ごとのような仕事だ。

何もやることがないのだから、こっそりスマホゲームでも楽しめばいいだろうと思うかもしれないが、時代は１９９０年代前半のこと。スマホどころかインターネットもまだ一般に普及しておらず、そもそも警備の仕事なので暇つぶしなど厳禁であり、８時間その場に立っていることしか許されない。

「人間って、暇ほどキツい仕事はないんだな……」

大学生の浅はかさで、とにかく楽でたくさんお金がもらえるアルバイトを選んだつもりだったのだが、結果としてこれほどキツい仕事は無いことを思い知る体験になった。

しかしそれからずいぶんと時が経ち、いい年のオッサンになった今、思うことがある。人生には、それよりも遥かに苦痛で耐え難い仕事が存在する。そして恐ろしいことに世の中では、多くのリーダーたちがそんな仕事を部下や取引先に、無自覚に強制している。それはどういうものか。

根本的にイカれている

話は変わるが、かつて経営再建に携わっていた大阪の中堅メーカーでの出来事だ。創業社長が一代30年で築き上げ、地方では知られた存在の素晴らしい会社である。

挨拶もそこそこに、私が最初に向かったのは工場の製造部だった。そして生産日報や製造報告書を見せて欲しいと依頼したのだが、現場リーダーからいきなり強烈な一言を浴びせられる。

「またですか……偉い人ってみんなそう！　日報を書け、データを提出しろと同じことばかり！」

製造部の課長を務める彼女は怒りを隠そうともせず、私の訪問をあからさまに拒絶した。さらに1週間分のデータだといい、紙の束を机に叩きつけると好きに見ろと言い捨てる。

「何様か存じ上げませんが、私たちが毎日、何種類の報告書を書いていると思います？」

「把握しておりません」

「社長、事業部長、工場長、営業部長向けに4種類です。しかも全部、フォーマットが違います。内容は全て、同じようなものなのに」

「……なるほど」

「私たちはこのレポートを作る為だけに毎日、1時間以上もサービス残業をしています。で、今日からはあなたの分も作れと言いに来たんですよね？」

叩きつけられた紙を一通り手に取り眺めると、なるほど彼女の怒りは十分に理解できた。無意味で無秩序な色使い、文字の装飾、罫線の使い方など、仕事ができない人間が作ったエクセルフォーマットであることは明らかだ。

さらに記載を求める内容も、「製造実績」「製造原価」「予定売上」など、同じデータばかりを報告させるものである。彼女たちはそれを、パソコンの画面を見ながら何度も、四つの異なる報告書に繰り返し手入力している形だ。これではストレスがたまらない方がおかしいだろう。

「課長、これら数字を打ち込む際に元になるデータがあると思います。ｃｓｖ形式で出力できますか？」

「……できますけど」

「では、これら報告書のフォーマットと、そのｃｓｖデータを私に送って下さい。少し隅っこの机をお借りしますね」

そういうと私はその場で、４種類のゴミフォーマットを１種類に統合・整理した。さらにｃｓｖから必要なデータを転記するマクロプログラムを組むと、製造課長以下のメンバーを集め、説明を始める。

「日報ですが、このボタンを押せば自動で完了するようにしました」

「えぇ？　どういうこと？」

「嘘やん！　私たちがやってた無駄な仕事はなんやったん⁉」

そういうと彼女たちは目を輝かせ、ストレスフルで無駄な仕事から解放されたことを口々に喜んでくれた。そしてこれをきっかけに、日々困っていることを積極的に相談してくれるようになり、大いに助けてもらえることになる。

このような話は、枚挙に暇がない。総務部をまわった時には、大量のタイムカードを机の上に重ね、皆が夜遅くまでなにやら作業をしているのを見かけることがあった。いったい何をしているのかと聞くと、タイムカード数百枚をエクセルに手入力しているのだという。そのため月初は、総出で毎日遅くまでサービス残業を強いられているのだと説明してくれた。

「データを直接扱えるタイムレコーダー本体など、1台10万円もしないはずです。なぜそんなことを手作業でしているのですか？」

「事業部長に却下されたんです。貧乏会社でそんな投資をする余裕があるかと……」

投資をする余力がないのはその通りだろう。だからといって、無駄で無意味なこんな作業を削減できる価値は、10万円どころの騒ぎではないではないか。何よりも、社員にサービス残業させればタダという考え方が、根本的にイカれている。

もちろんここでも、すぐに態勢を改め翌月には新しいタイムカードでの運用を開始した。総務部の皆が喜んでくれたのは言うまでもないが、しかし効果はそれだけではない。パート・アルバイトさんの勤務状況がマクロでもミクロでも可視化され、人員の最適配置に大いに貢献することになったのである。当たり前だが。結果として、たかだか10万円の投資は月間数百万円の労務費の最適化に繋がることになる。

私は結果として同社の黒字化に成功するが、やったことなど本当にこの程度のことに過ぎない。明らかに無駄で無意味な仕事を、ただ止めさせただけである。

断言できるが、世の中にはこのように部下の足を引っ張る、ブルシットジョブ（クソどうでもいい仕事）を強制するリーダーが溢れている。〝管理してます感〟のために無駄な仕事を作り出し、会社の利益も信頼も台無しにするどうしようもない人たちだ。

悪質なことに、こういうリーダーたちは「社員を長時間働かせることこそ管理能力」という、狂った価値観を併せ持っていることが多い。

こういう仕事、こういうリーダーを排除するだけで、多くの会社では間違いなく利益が上がる。もちろん、従業員満足度も桁違いに改善する。

ぜひ、経営がうまく行っている会社も、そうでない会社でも、参考にして欲しいと願っている。

心を破壊する〝最凶のパワハラ〟の正体

話は冒頭の、「暇ほどキツい仕事はない」についてだ。学生時代、そんな風に考えていた私が今、どんな仕事を知り「人生には、それよりも遥かに苦痛な仕事が存在する」と考えを改めたのか。

ロシアの前身であるソ連では、捕らえた捕虜に「囚人の穴掘り」という罰を科していたことをご存知だろうか。毎日、朝からひたすら穴を掘らせ、そして夜になると自分で掘った穴を埋め戻すことを命じるものである。

穴の大きさも深さも看守の思いつきで、無意味な作業であることは疑いようがない〝仕事〟だ。そんな生活を1ヶ月も続けさせると、どれほど屈強な捕虜も泣きを入れ、看守に従順になったそうだ。

つまり人間にとって、暇よりも遥かに苦痛で心を破壊する仕事とは、「クソどうでもいい無意味な作業」と考えられていたということだ。まさに、ブルシットジョブである。

４種類の日報フォーマットに同じデータをひたすら入力させ、問題と思わない上司。数百人分のタイムカードを目視でエクセルに手入力させ、経費削減と考える上司。こういう人間には絶対に、部下と組織を預けてはならない。

ブルシットジョブを指示するリーダーの存在こそが最凶のパワハラであり、〝囚人の穴掘り〟同様に会社と人の心を破壊する元凶だからだ。

経営者だけでなく、僅かでもそんな自覚のあるリーダーはぜひ、自分のマネジメントスタイルを見直して欲しいと願っている。

3　AIが問うているのは経営者の資質である

昭和の〝ゲーム革命〟

もう40年ほど前の、昭和の頃の話だ。

1983年7月に発売されたファミコンは子どもたちの遊びを変え、日常を大きく塗り替える。それまで、男子は野球やサッカー、女子ならゴム跳びや読書というのが小学生たちの娯楽だったからだ。ファミコンの登場で、その場はやがて放課後や土日の友達の家に変わっていく。

しかし環境が変化すれば、新たな問題が発生するのもまた世の常である。当時は専業主婦率が高く、友達の家に遊びに行くと必ずカーチャンがいるものだった。

そして騒動が起きたのは長屋4畳半、1DKのハヤタ家でのこと。「テレビの部屋」ではいつもハヤタカーチャンがタバコを吸いながらネジづくりの内職をする、昭和の地方都市にありふれた家庭だった。もう一部屋はダイニングキッチンなので、窮屈な4畳半にカーチャンと子どもたちが寿司詰めになる、ちょっとシュールな光景である。

そんな毎日が続くと、カーチャンは「仕事に集中したいのでこっち見るな！」と、だんだん不機嫌になりはじめる。しかしカーチャンの仕事場はテレビ前のちゃぶ台なので、そっちを見ないわけにはいかない。

すると私たちは一計を案じ、皆でカーチャンに背中を向け、壁に手鏡を貼る方法を思いついた。つまり小さな鏡に映るテレビを見ながらゲームをするのだが、これがおもしろくてたまらない。鏡像なので敵キャラから逃げなきゃいけないところで突進し、右にジャンプすればゴールなのに左に跳んでしまいゲームオーバー、といった感じだ。それに盛り上がり、腹を抱え皆でジタバタ大笑いしたところで、ついにハヤタカーチャンがマジ切れした。

「出ていけぇ！　お前らぁ‼」

盛大にネジを投げつけられ裸足で外に逃げ出すと、もう二度と家に上げてもらえることは無かった。懐かしくも申し訳ない、昭和の夏休みの思い出である。

そして令和の今、この思い出から一つ確信していることがある。ＣｈａｔＧＰＴなど

ＡＩの進化で「ホワイトカラーの仕事が奪われる」という説がまた再燃しているが、これは相当疑わしいということだ。どれだけＡＩが進歩したところで後20年、社会構造や労働のリプレイスが進むことはないだろう。

なぜこの話から、そんなことを言い切れるのか。

優秀なリーダーがブラックボックスを作る

話は変わるが、「経営の立て直し」といえば多くの人は、経費の削減やリストラといった施策を連想するのではないだろうか。しかし経営を立て直す上で重要なことは、実はそんなことではない。最初に取り組むべき一番大事なことは、仕事の可視化と数字の透明化である。

これをすること無く個別の施策に取り組むこと、まして手当たり次第のリストラなど、もはや経営ともいえないただの破壊だ。以下、具体的な事例でお話ししたい。

いくつかの会社で経営の立て直しに取り組んだ時、課題が山積する中で最初に着手したのはやはり仕事の可視化であり、数字の透明化だった。

経営のどこに問題があるのか。販売構造なのか、人員配置なのか、重複コストがかさんでいるのか……。多くの場合、その全てが絡み合って会社は経営不振に陥る。

いわば採血やCTスキャンなどを通じ、取り組むべき仕事に優先順位を付ける最初の作業だ。これに道筋さえつけば、問題の90％はほぼ答えが見える。そして仕事の可視化や数字の透明化に取り組む時、社員の反応はおおむね三つに分かれる。

一つ目の反応は、歓迎し大喜びしてくれる層だ。

想像がつくかもしれないが、これは手足を動かし汗を流している、若い人たちである。こういった社員は、自分たちが朝から晩までどういった仕事をしているか、どんな無駄仕事にストレスを感じているか、問題を語ることにまったく迷いがない。そして無駄の排除と仕事のシステム化を、心から歓迎する。

二つ目の反応は、可視化や透明化を嫌い、無駄な仕事をどんどん作る層だ。

こちらも想像がつくかもしれないが、部課長クラスの幹部である。断言してもいいが、中小企業はもとより多くの大企業でも、〝意味のある忙しさ〟に忙殺されている幹部などほとんどいない。もちろん、意思決定のため現場に降りる、取引先を回り情報を集めるなど、自分の役割を正しく理解している人たちも僅かながらいる。しかしこういう部課長が多い会社はそもそも、経営が傾くことなどない。さらに部課長など通過点で、早々に役員まで駆け上がる。

そうではない幹部は、暇で仕方ないのでゴミ仕事をどんどん作り出し、部下を巻き込んで〝管理してますアピール〟の無駄コストを垂れ流して、経営を傾ける。残念だが、こういう人に新しいポジションを用意することは相当難しい。

三つ目の反応は、可視化や透明化を嫌い、仕事をブラックボックス化しようとする人だ。

これは部課長クラスと違い、優秀な現場リーダーに多い。なぜか。こういった実務を回しつつ、仕事のノウハウを握っている人は、それを取り上げられ存在価値を失うことを恐れる。言い換えれば、上司が無能なため会社を信用していないということだ。

だから仕事をブラックボックス化し、「自分にしかできない仕事」を抱え込んで、容易に手放してくれない。

〝サボタージュの語源〟に学べ

そしてまさに、経営の立て直しとはこういうデキる現場リーダーを取り込み、仕事を可視化して組織の知恵にする作業である。

こういう社員には、自分と同じ優秀な人材を育てることがあなたの仕事であること。それができれば、報酬など青天井であること。その先には次の仕事とポストがあることを約束し、誠実にそれを守る。

個人の優れた知見を組織の財産に変え、若手社員の付加価値を高めてくれるのだから、当然のことだ。

そして大事なことはここからなのだが、仕事の可視化と数字の透明化に目処がつけば、優秀な現場リーダーは本当に、「自分にしかできない仕事」を失う。本来であれば、こういった現場リーダーこそこのタイミングで役職に引き上げ、さらなる付加価値の向上のための責任を任せるのが筋だ。

あるいは上司の仕事を委譲・移譲し、上司こそがさらなる付加価値の向上のため、新しい仕事に集中する絶好のチャンスになる。

しかし上司にそのセンスや度量がない場合、悲惨なことになる。自分の立場が脅かされることを恐れ、現業にしがみつくからだ。結果、無駄な仕事を作り始め、現場上がりの優秀な部課長もまた仕事を抱え込み始めるという、元の木阿弥になる。

結局のところ、どれだけ便利なシステムを導入しどれだけ環境を整えても、組織はまたすぐに機能停止に陥るということだ。どストレートに言えば、人は報酬と保身を何よりも求めているのであって、便利なシステムなど極論、どうでもいいのである。

言い換えれば、会社や組織の強さとは仕事を可視化し、数字を透明化した上で、「自分よりも優秀な人材を採用し、そして育てること」が評価され、報酬が上がると信じられる仕組みをつくることそのものである。それが自分の立ち位置をより安全なものにすると確信できれば、人も組織もいくらでも勝手に成長する。

この当たり前の事実を理解している経営者は、余りにも少ない。報酬にも保身にも繋がらない〝便利なシステム〟など、木靴でぶっ叩いて破壊されることは、歴史が証明しているにもかかわらず、である。

ハヤタカーチャンは正しい

話は冒頭の、「ＡＩは人の仕事を奪わない」についてだ。なぜ、40年前のファミコンの普及からそんな事を言い切れるのか。

思うに私たちは、「それが当たり前にある環境」で育った世代でないと、その本質を理解し使いこなすことなど、なかなかできない。たどたどしくボンバーマンを楽しむ父親を見ながらニヤニヤした記憶がある人なら、わかるはずだ。

ネットやスマホを当たり前に育った〝デジタルネイティブ〟にも通じることだが、柔軟な発想でツールを楽しみ、時に怒られ、使いこなす時代を過ごすのだから当然である。

１９９０年代の終わりから２０００年代の初頭に巻き起こったＩＴブームこそ、まさにそれを証明している。この時、インターネットという革新的技術を巡り新しいサービスが次々に立ち上がり、上場企業も生まれるのだが、その多くが悲惨なものだった。

１クリック××円で販売し、一方でサクラにクリックバイトをさせる「クリック保証」を売り出した会社。ただのデータ圧縮技術で上場し、時価総額１０００億円もの株価がついたＩＴ企業。いずれも今は、跡形すらない。

これほどまでに、新しい技術を使いこなそうとする大人のやることは的外れで、「本質的に無価値なサービス」を売り出すような頭の悪い経営者すら現れる。

同様にＡＩがどれほど進化しようとも、それを使いこなし、社会との調和も実現できるネイティブ世代の登場まで、後20年はかかるだろうということである。

そして話は、私が携わった経営の立て直しについてだ。

経営の立て直しとは結局のところ、自分よりも優秀な人材を育てるバトンリレーであるというのは、先の通りだ。便利なツールとはその役に立つかどうかであり、ＡＩであれば誰でも何かができるとか、ＡＩが従業員を幸せにするというような話ではない。そういう発想をするリーダーが、サクラがクリックする「クリック保証」というデタラメなサービスを始め、黎明期の黒歴史を作る。

そもそもだが、ＡＩの普及で試されているのは職業や職種であるかのように信じられていること、これこそが全く違う。試されているのは職業や職種ではなく、それを使いこなすべき経営者であり、リーダーである。便利な新しいツールを、誰にとっても利益のある形で世の中に調和させるリーダーこそが、次の時代のグーグルをつくれるだろう。そこを勘違いすればこっぴどく叩かれ、そしてマーケットからも社会からも叩き出される。

クリック保証、そしてハヤタカーチャンから叩き出された私たちのように（泣）。

4　ビッグモーターを嗤う資格がある者がどれだけいるか

〝オジサン世代〟最凶の問題

２０２３年に世間を大いに騒がせた、ビッグモーターの〝悪事〟。保険金の不正請求に常軌を逸したパワハラ、街路樹を枯死させるなど、もはや反社会的勢力ともいえるやりようだ。

しかしこの事実に私自身、少し身につまされる想いがある。もう30年近くも前、証券会社の1年生だった頃の話である。

当時はまだ、証券マンの仕事といえば飛び込み営業に1日50件の営業電話というような、理屈抜き力押しのような時代だった。しかしこんな方法で、そう簡単に数字などもちろん取れるわけがない。

すると上司は「なんで数字を獲れねえんだ！」と怒りだすわけだが、いくらアンタが怒り狂ったところで顧客が降ってくるわけ無いだろう……。

そんなこともあり、ある日、部長にこんな素朴な意見を投げかけたことがある。

「部長、数字に繋がる指導をして下さい。今の指示で顧客を獲得できるとは、とても思えません」

当然部長は猛り狂い、過去イチの怒号を喰らうわけだが、その時に聞かされた説教は全く納得できるものではなかった。

それから随分と時間が経ち、オッサンになった今、わかったことがある。平成の時代をビジネスパーソンとして過ごした私たちの世代は、実は組織マネジメントなど誰も理解していないという驚くべき事実だ。

言い換えれば、この時代にマネジメントにかかわった世代なら誰でも、ビッグモーターのようなことをやらかす可能性があったということである。さらに私たちの世代は、未だにこの根深い病理を改善できておらず、これからの若者にもこの負の遺産を引き継ごうとしている。

それはいったい、どういうものなのか。

目的不明の過酷な訓練

話は変わるが、自衛隊で陸将まで昇った元最高幹部からこんな想い出話を聞いたことがある。

「まだ23歳だった幹部候補生の頃、体に叩き込まれた強烈な想い出があります」

少し補足すると、防衛大学校や一般大学を卒業し、幹部自衛官になろうとするものは皆、その第一歩で幹部候補生学校に入校する。立場によりいろいろだが、陸の場合は概ね1年、初級幹部として必要な素養・教養を叩き込まれる最初の関門だ。その候補生の時代に、こんな事があったという。

「ある日の夜、非常呼集がありました。今から状況（＝訓練）を開始するので集まれという命令ですね。こうなると何が始まるのか、どれだけ続くのか読めないので、緊張が走ります」

そして僅かな水も食料も、もちろんお金もないままの状態で地図を渡されると、一つの命令を下される。

「○月×日の１０００（10時ちょうど）までに、地図に示す場所に前進せよ」

何が始まったのか、行軍の目的は何なのか、行けば何があるのかなどは一切わからない。わけがわからないまま実行すると、目的地には僅かばかりの水があったという。

訓練はもちろん、これで終わらない。目的地で一息つく間もなく、指導官から別の地図が渡されると、同様の命令が下される。

「○月×日の１８３０（18時30分）までに、地図に示す場所に前進せよ」

しかし既に、飲まず食わずで深夜の行軍を終えた後だ。ヘロヘロの中、目的もわからない、いつまで続くのか見当もつかない命令に心が折れそうになる。それでもなんとか二つめの目的地にたどり着くと、そこに置いてあるのは薪のようなもの。

（全く意味が分からねえ……）

そんな候補生の苦悩を見透かしたように、指導官はさらに、冷徹に命令を下す。

「○月△日の０８００（8時ちょうど）までに、地図に示す場所に前進せよ」

しかしすでに、一昼夜を飲まず食わずで行軍した後だ。さすがにここまで来ると、体力がついていかない者、メンタルが乱れる者など、気持ちが折れる候補生たちが出始めた。それでも軍事組織は一蓮托生の連帯責任なので、補い合い、あるいは荷物を預け合うなどして、フラフラになって三つ目の目的地にたどり着く。そこにあったものは、何の変哲もないただのマッチ箱だった。

余りの理不尽な命令と意味のわからなさに、座り込んでしまう候補生たち。それでも容赦なく、指導官から命令が下される。

「○月△日の1500（15時ちょうど）までに、地図に示す場所に前進せよ」

ここまで来ると、もはや体力を維持できている者のほうが僅かである。そのため、自分を置いて前進してほしいと班長に訴える者、気力を振り絞ってバディ（相棒）を引きずるように運ぼうとする者など、なかなかに悲惨な状況が現出する。そんな中、なんとか四つ目の目的地に到着することができるのだが、そこにあったのは全員分の生米だった。

つまり、4箇所全てで時間内に任務を達成できれば初めて、米を炊くアイテムが全部揃うという仕組みである。元陸将の班は時間内に全員でたどり着き、任務を達成できたので、2日ぶりの美味しい炊きたてご飯を満喫することができたそうだ。

何が部下を壊しているのか

ところでこの訓練、何を目的にして行われたと思われるだろう。ぜひ、企業や組織でリーダーにある人、その志のある人には、正解をあてて欲しい。

「幹部自衛官として、組織のリーダーとして、極限の経験をすること」

「厳しい環境で心身を鍛え、どんな状況下でも正常な判断力を維持すること」

「仲間との絆を強めて、組織力の大切さを理解すること」

思い浮かぶのはざっと、そんなところだろうか。しかしこれらは、どれも正解ではない。もちろんそういった副次的な目的もあるかもしれないが、主目的ではない。

この時、2日ぶりの飯をむさぼり食う候補生たちを前に指導官が言ったのは、以下のような訓示だった。

「今回の訓練から諸官が学ぶべき教訓は、〝企図《きと》の明示〟である！」

リーダーが任務の目的、その成果を明かさないままに命令を出し続けると、人の心身はこれほどまでに疲労し、簡単に折れてしまうという趣旨だ。

考えてみて欲しいのだが、「企図の明示」、すなわち仕事の目的やゴールが明らかにされないまま、次々に過酷な命令を下されたら、自分であれば耐えられるだろうか。指示に従った結果、どのような効果が期待でき、どのような成果を見込めるのか、いつまで続くのかもわからないのである。

「良いから黙ってやれ」と、杜撰な指導・命令を部下に繰り返せば、組織はどうなるか。

そうされてみて初めて、組織・部下を指揮する責任の重さを体で覚えろということだ。言い換えれば、リーダーを志すものはまず、指導される者の想いを理解し、「リーダーになる前に」その痛みや願いを理解しろという教育である。

企業や組織でリーダーのポジションにある人は、この訓練と教訓に何を思うだろうか。

あなたも必ず同じことをしている

話は冒頭の、私の証券会社時代の話についてだ。なぜ私たちの世代は、誰でもビッグモーターのようなことをやらかす可能性があるとまで言い切れるのか。

そもそもだが、リーダー自身が成果が出ると信じ、指示した命令を実行した結果に対し、「てめえなんで成果が出ないんだ！」などと叱責をすれば、部下はどう思うだろう。「命令は出すけど、結果責任はお前が取れ」と言われているも、同然なのである。「一日飛び込み30件」「営業電話50件」をしたにもかかわらず、1ヶ月で5000万円の預かり資産が増えなければ、それは部下がおかしいという理屈だ。言い換えれば、上司がどれだけデタラメでも、成果が出ない部下こそがおかしいという〝リーダーシップ〟である。

その結果、何が起きるか。数字が上がらない部下は生活のため、あるいは恐怖のあまり、成果を捏造し始めるに決まっているだろう。もしくは顧客を騙し、あるいは脱法行為ギリギリのことをして成果をつくりに行くモチベーションが働くのは、目に見えているではないか。

そこにはもはや、顧客の利益も幸せもへったくれもない。ただただ、理不尽な恐怖から逃れたいという欲求のみが、行動の目的になる。

幸い（？）証券会社など金融機関には厳しい法律とコンプラがあるので、そこまでやらかす社員は相当なレアケースだった。しかしビッグモーターのような、細かな規制が行き届いていない業界だとどうなるか。ゴルフボールで車を叩き、タイヤをパンクさせる社員が出始めても、全く不思議ではないということだ。

このような、「命令はするけど責任は取らない」上司に、現在進行形で苦しむビジネスパーソンはきっと多いだろう。なぜそんなことになってしまうのか。

リーダーの条件を語れるか

そして話は、自衛隊のリーダー教育についてだ。

当然のことだが、自衛隊で幹部になろうとするものは皆、先のような過酷な教育・訓練を通じ、組織運営の原理原則を叩き込まれる。小隊長になる頃には、部下の全員にメシが行き渡ったことを確認してから最後に箸を持つこと、また風呂は最後に入る行動や価値観が体に染み付いている。

リーダーたるものの覚悟と原理原則を徹底的に身に付けた者だけが、幹部になることを許されるからだ。

その一方で、民間の組織でリーダーのポジションにある人のうち、どれだけの人が、「リーダーたるものの価値観」を語ることができるだろう。

たったの一度でも、リーダー論についてしっかりと教育を受けた人がどれだけいるだろう。

自信があると答えられる人の方が、圧倒的に少数ではないだろうか。

そしてそういった教育を受けず、価値観も持ちあわせていない者がリーダーになると、必ずこう考える。

「俺のやり方で成果が出ないのは、部下が悪いからだ」

このようにしてビッグモーターが生まれ、そして今なお、その予備軍が日本中に溢れかえっているということである。

こんな「能無しリーダー」が組織の上に立つ間違った流れは、もう私たちオッサンの世代でいい加減に断ち切らなければならない。

ぜひ、企業や組織でリーダーのポストにある人は、ビッグモーターの〝悪事〟を自分事として、自分のリーダーシップを見直す契機にして欲しいと願っている。

5　80代現役ホステスが教えてくれる経営の真髄

酒を飲ませない老舗キャバレー

「はじめまして、サチコといいます」

そう言いながら私の隣に座り、名刺を出した女性は40代の半ばくらいだろうか。何と言って良いのかわからず固まっていると、私をこの店に連れてきてくれた加藤さんがおもしろそうに笑う。

「桃野さんとあまり変わらない世代ですよね。でもサチコさん、このお店では若手なんです」

そのお店は、大阪ミナミにある「ミス・パール」という。大阪の地で長年愛されている、老舗の有名キャバレーだ。

しかしキャバクラやキャバレーといえば通常、若い女性がオッサンをおだて、高価な

酒を勧めて儲けようというお店ではないのか。しかし加藤さんの馴染みだという、さらに年上に見えるホステスさんは、

「加藤さん、ウチ2軒めなんでしょ？　もう飲んだらダメです！」

と言いながら、グラスを取り上げてしまった。何から何まで、ぜんぜん意味がわからない。

「桃野さん、日本中のキャバレーが潰れていく中で、なぜこのお店が生き残れているのか、わかりますか？」

「さっぱりわかりません。ただ、ここがとてもスゴイお店ということは、なんとなくわかります」

「ですよね。でももっとスゴイもんお見せしますよ。ちょっと一緒にトイレに行きましょう」

そういうと加藤さんは私を連れ、トイレ近くの薄いカーテンで仕切られた小部屋を覗くよう促した。

（すごい……マジか……）

その先には、想像を絶する光景が広がっていた。そして、そのお店が老舗になり得た

凄さの全てまでも。

なぜ信長は天下を取れなかったのか

話は変わるが、「織田信長の重臣といえば？」と聞かれたら、誰の名前を思い浮かべるだろうか。おそらくほとんどの人が、羽柴秀吉、明智光秀、柴田勝家、前田利家といった有名どころを挙げるのではないだろうか。

しかし信長が本能寺の変で命を落とす2年前、1580年までの織田家筆頭の家老といえば、自他共に認める宿老・佐久間信盛がその人であった。

佐久間は信長の父、信秀の時代から織田家に仕え、幼い頃から信長を支え続けた重臣である。家督争いに際し、早々に信長を支持したことから重用され、以降主だった戦の多くに参戦し大きな手柄を挙げてきた猛将だ。

近江六角氏の攻略、長篠の戦い、伊勢や越前での一向一揆戦などで戦功を挙げ、信長の天下取りを初期から支え続けた、忠義に厚い有能な武将であったと言ってよいだろう。

しかし急成長を続ける織田家という組織は、武辺者として〝経営トップ〟を支えてきた佐久間にとって、だんだんと手に負えない規模になっていく。さらに徳川家康を始めとした諸大名との同盟、軍勢の大規模化、鉄砲を中心とした技術の進歩など戦争の複雑さが増していくと、その指揮は精彩を欠くようになり失態が目立ち始めた。

そんな佐久間にとって、人生を暗転させる出来事になったのが1576年から始まった石山の本願寺攻めであった。この攻囲戦で指揮を執った佐久間は、鉄砲で重武装し籠城する敵に攻め手を欠いた。さらに海上からは毛利や村上の水軍が城を支援したこともあり、何もできないまま5年もの月日が流れてしまう。その結果、追い込まれた信長は最終的に本願寺との和睦を選択せざるをえない形で、戦を終わらせることになった。

この後の、佐久間に対する信長の怒りは激烈そのものであった。30年にわたり自身を支えてきた佐久間に対し、世に知られる19ヵ条の折檻状（譴責状）を突きつけ、高野山に追放してしまうのである。その内容は「人望の無さ」「職務怠慢」を具体的に責めるなど苛烈なものであったが、中でも印象深いのは「信長に逆らい、顔を潰したこと」を挙げている点である。

黎明期から信長を支えてきた自負もあり、佐久間は信長への直言を恐れなかった。しかしそれすらも信長は許さず、怒りを溜め込んで、追放の理由として具体的に挙げたのだった。

さらに信長の怒りは、これでも収まらない。高野山に追放された後の佐久間は、たったひとりの従者や家来も持たずに細々と暮らすのだが、

「『高野山に住むこと叶うべからず』という厳命が下り、吉野の奥、十津川山中武蔵の里に落ちた」（奈良県観光公式サイト）

とされ、慎ましい安住すら許されず奈良・十津川村の山奥に追い立てられ、同地で客死しているのである。

これを現代の企業経営に例えれば、ベンチャー企業の社長が、黎明期から30年にわたり共に歩んできた副社長を追放するようなものだろうか。なおかつ解任の理由として、

「お前は無能で人望がなく、しかもことあるごとにオレに逆らい続けて顔を潰してきた。絶対に許さねえ」

などと役員会で面罵し、さらに公式SNSで発信しプレスリリースまで打つようなものである。佐久間の無念さが痛いほど伝わるだろう。しかも、余生を小さな企業の顧問として暮らそうとしていたら、

「アイツを今すぐ解雇しないと、あらゆる嫌がらせをする」

と再就職先に圧力を掛けてきたようなものなのだから、もはや狂気である。

信長が本能寺の変で討たれた理由に、光秀に対する屈辱的な扱いの数々を挙げる歴史家は多い。しかし人間としての尊厳を奪われたという意味ではむしろ、光秀よりも佐久間信盛の方がはるかに悲惨だと考えるのは、きっと私だけではないだろう。

そのような信長の、リーダーとしての価値観や立ち居振る舞いが本能寺の変を呼び込んだのであれば、人の感情として全く違和感がない。

急速に成長する企業・組織において、古参社員の配置や処遇を誤るとロクなことにならない。その真理は、信長の時代も令和の今も大した違いなどない。

当たり前なのに誰もやらないこと

話は冒頭の、大阪ミナミにある「ミス・パール」についてだ。加藤さんに連れられて覗いた小部屋の先で、私は何を見たのか。

薄いカーテンで仕切られた小部屋の中では、どうみても〝おばあちゃん〟といえる年齢の女性たちが、テーブルにジュースやお菓子を広げて雑談を楽しんでいた。それはまるで仲良し町内会の寄り合いのようでもあり、場違いな光景に驚いていると加藤さんが耳打ちする。

「ここにいる人たち、皆さんホステスさんです。80代の人も何人かいます」

呆気にとられながら席に戻ると、サチコさんが説明をしてくれた。

「ベテランのホステスさん、みんな長年のお客さんのご指名なんです」

「本当ですか⁉」

「はい、姉さんたちを指名するお客さんはみんな、30～40代の頃からお店に遊びに来てくれている常連さんです。仕事を引退し80～90歳になった今も、遊びに来てくれるんですよ」

「……すごい」

「そして姉さんたちを指名して、1時間だけお酒を飲んで帰るんです。もう50年も指名しているので、居心地がいいんでしょうね。姉さんたちは、そんな常連さんのためにあの部屋で待機しているんです」

そしてサチコさんは、このお店ではお客さんとの長いお付き合いと健康を第一に考えるので、無理にお酒を勧めるホステスなど一人もいないこと、給料も歩合はほとんど無く、無理にお酒を飲んだり飲ませたりして得をする仕事の仕組みにもなっていないこと、さらにお店は23時キッチリに閉店し、会社の責任で全てのホステスが家まで送ってもらえることなどを説明してくれた。

なんという〝当たり前だけどスゴイこと〟だろう。金儲けを考えるなら、調子に乗ったオッサンになどいくらでも酒を飲ませ、取れるだけ金を取ってしまえばいいのである。若い女性も歩合制にして使い潰し、いくらでも入れ替えたらいいだろう。

しかしそんなことをして儲けられる金額などたかが知れており、お客さんも従業員も誰も幸せにならない。その程度のありふれた飲食店など掃いて捨てるほどあるので、もちろんお店も長続きするわけがない。

つまりこのお店は、「お客さんと従業員の長く続く幸せ」で他店と差別化し、結果として適切な利益を上げ続け、いつの間にか老舗になっていたということだ。

言い換えれば、何ら特別なことをしないことが、このお店を特別な存在にしてしまったということである。

長く続くビジネスの正体

そして話は、信長と佐久間信盛、織田家の盛衰についてだ。

結局のところ、信長が追求した「短期間での急激な成長」のやり方は、目先の金儲けを求めるキャバクラ経営にも似て、誰も幸せにしないリーダーシップだったのではないのか。競争至上主義で家臣をすり潰し、適切なポストを用意できなくなるとパワハラで追い込んで、最後には見せしめでクビにするなど、恐怖で組織を統制するリーダーシップである。

戦国時代という時代背景を割り引いても、結果として織田家が瓦解したことを考えれば、信長のマネジメントは決して評価できるものではないのだろう。長く続くビジネスモデルで、顧客と従業員に多くの幸せを提供できるリーダーシップのヒントは、天下人よりもむしろ大阪の老舗キャバレーにあるということだ。

もう何年も前の話のご紹介だったが、帰り際にサチコさんがこんな想いを聞かせてくれたことが今も心に残っている。

「お客さんと自分の健康を守りながら、少しでも幸せな時間を過ごして頂くこと。それがホステスの仕事なんだと、やっと自分の居場所を見つけられた気がしています」

北新地のナンバー１にも昇った事があるという彼女が最後にたどり着いた、安住の境地なのだろう。

従業員自身が幸せでなければ、顧客に幸せを提供することなどできない。しかし従業員自身が幸せであれば、放っておいても顧客に幸せを提供してくれるようになる。

そんなことを改めて教えてくれたお店と経営者から、リーダーたちが学ぶべきことは多い。

第3章　成功したリーダーの共通点

1　「部下が言うことを聞かない」と嘆く前に

ある自衛官の「戦死」

1999年8月15日、終戦記念日の早朝に2人の自衛官が「戦死」とも言える形で殉職していることを、ご存知の方はいるだろうか。

まだ夜も明けきらない、午前5時前のことだ。予想最高気温34度と、夏の朝らしい空気が漂う航空自衛隊新田原《にゅうたばる》基地（宮崎県）にスクランブル警報が鳴り響く。国籍不明機が東シナ海を北上し、領空への侵入が予想される非常事態である。状況的に考えて、ロシアの作戦機だろう。

なお1999年といえば、令和の今に繋がるさまざまな国際情勢の変化が起こった年である。北朝鮮の拉致工作船に対し海上自衛隊が武力行使に踏み切るなど、史上初の海上警備行動が発令されたのが3月。8月16日には、権力基盤を弱めつつあったロシアのエリツィン大統領がプーチンを首相に起用するなど、政変前夜の空気が色濃くなりつつあった頃合いでもある。

実際にプーチンは、就任直後から暴力的野心を隠そうともせず、翌月にはチェチェンへの全面侵攻を開始する。東アジアを含む世界は、冷戦後の新たな世界秩序が定まらない中で不安定化し、先が読めない国際情勢の中にあったということである。

そんな中での、8月15日、象徴的な朝に発生した作戦機の接近だ。いつも以上の緊張感の中、新田原基地から2機のF－4戦闘機、計4名のパイロットがスクランブル発進し、国籍不明機の捕捉に向かった。

しかしその直後、2機の進路に巨大な積乱雲が現れる。場所は長崎県福江島沖の東シナ海で、真夏であっても稀なほどの、高さ、幅ともに規格外のスケールの嵐だ。

とはいえコンマ1秒を争い、戦闘も予想される状況では、積乱雲を回避することも任務を放棄することも許されるものではない。2機の戦闘機はそのまま高高度から積乱雲に飛び込み、目標に向かって最短距離を進んだ。

するとその直後、2機のうち1機の機影がレーダーから消失する。僚機からの交信にも一切反応がなく、地上からの呼びかけにも応答がない。捜索し手掛かりを得ようにも、空域・海域は視界0の嵐だ。

そのため僚機のパイロットは、任務の遂行を断念しそのまま新田原に帰還せざるを得なかった。大変残念なことであるが、消息を絶った同機は積乱雲の中で雷に激しく打たれたことで、そのまま墜落したものと推定された。

この墜落事故では2名の航空自衛官が命を落としたが、これは史上初の、スクランブル任務に上がった作戦途中にあるパイロットの殉職となった。そのため異例の2階級特進が決定され、防衛省・自衛隊によって礼を尽くした部隊葬が執り行われている。

敵性勢力から国土を防衛するため困難に立ち向かい、そして命を落とした2名のパイロットの殉職であった。

誰かがやる必要があるのなら……

私には、少し年の離れた飲み友達がいる。元航空自衛隊のパイロットで、2018年に定年退官をした保坂光人・元1等空佐だ。

退官後は操縦桿を車のハンドルに握り替え、幼稚園スクールバスの運転手として子どもたちに愛されるオジサンである。太く逞しい腕、日焼けし精悍さを物語る肌は〝ただものじゃない〟雰囲気をまとっており、これ以上はない園児たちの用心棒でもある。

そんな保坂を2022年7月のある日、東京・JR市ケ谷駅近くのカレー店にお呼び出しすることがあった。時間は昼の13時。いつも終電まで、新橋あたりの安物ホッピー屋で痛飲する気のおけない飲み友達だが、今日ばかりは飲みすぎるわけにはいかない。そのためカレー店の唐揚げをつまみながら、ビール片手のインタビューをお願いしたということだ。

「保坂さん。あの日のことを改めて、聞かせて下さい」

単刀直入な質問に、保坂が虚空を見つめる。言葉を選んでいるのか、記憶を手繰り寄せているのか。

元1等空佐（大佐に相当）らしい目力がみるみる戻ってくる。

「詳細はもちろん、言えませんが……」

「はい」

「あの日の積乱雲のことは、今でもよく覚えています」

そう言うと手酌でビールを注ぎ、すぐに飲み干して唐揚げをつまんだ。保坂は週末にしか酒を飲まないが、飲み始めたら水のようにグイグイ飲み、しかも顔色一つ変えない。

「コントローラー（要撃管制官）から『前方が真っ赤です！』と、交信が入りました。積乱雲ですね。雲高は４万フィート（≒１万２２００m）を超える巨大なものだったと、後に知りました」

「そのまま進んだのですか？」

「いいえ、なるべく気流の穏やかそうな場所を選び、高高度から雲に入り国籍不明機に向かいました」

そして嵐の中、僚機の機影が消失したこと。その後に明らかになった墜落の原因は、特殊な環境下におけるF－４戦闘機のエンジン停止にあったことなどを語ってくれた。静かで穏やかな口調だが、当時の緊迫感が伝わり背中に冷たい汗が流れる。

「保坂さん。私の興味は、自衛官の任務に対する責任感や想いそのものです。そのため、こんな質問をすることをどうぞお許しください」

「なんでしょうか」

「僚機を失い基地に戻った時の、そして事故が確定した時の感情を、言葉にできるでしょうか」

「……心に穴が空き、呆然としました。親兄弟を失ったような、手足を失ったような喩えようのない虚しさと寂しさです」

保坂は腕を組み、天井を見上げた。そのまま1～2分の沈黙があっただろうか。その答えで良かったのか、自問しているように見える。

「保坂さん、この事故ではスクランブルに上がった任務中の自衛官が亡くなっています。国と国民を守るための、作戦行動中の殉職でした。一緒に飛んだ仲間として、死生観を聞かせて下さい」

「具体的に、何を答えればいいですか？」

「そうですね……なぜ保坂さんは、あるいは殉職をされたパイロットはあの日、積乱雲に飛び込めたのでしょうか」

すると保坂は、あの積乱雲を見た時にはさすがに気後れしたこと。突っ切ることに恐怖を感じたこと。それは殉職したパイロットもきっと同じであっただろうことなどを、赤裸々に語ってくれた。

「それでもなぜ、自衛官は殉職のリスクを負ってまで職務を続けられるのでしょうか」

「それはとても難しいので、もっと偉い人に聞いて下さい」

「保坂さんの言葉で、ぜひ聞きたいんです」

「……平和とは、殴られたら殴り返すことが可能な力を備えて、初めて維持できるものです。戦争は多くの場合、力の不均衡から発生します」

「そう思います」

「その力を維持するためには、厳しい任務と訓練が必要です。残念ですが、今のところ殉職を根絶できていないのが実情です」

「はい」

「平たく言えば、〝大事なもの〟を守るために誰かがやらなければならないのであれば、俺がやるということです。理由はありません」

その後もたくさんの話を聞かせてくれたが、ただひたすら、国と国民を守るという使命感を語る姿に、いつもと違う保坂を見る思いであった。

そしてそんな保坂が、この日の最後にいった言葉が忘れられない。

「先の大戦で国難に殉じた皆さんも、きっと同じ想いだと思います。最期は家族や守るべき故郷を思いながら皆、戦い、命を落とされたのだと確信しています。人間って、そういうもんです」

仲間への想いと願い

この日も結局、夕方から河岸を変えいつも通り終電まで、保坂と痛飲した。

しかし翌日、二日酔い気味の中でどうしても、消化しきれなかった言葉が残った。なぜ自衛官は戦えるのかという問いに、「もっと偉い人に聞いてほしい」と、保坂が言っていたことだ。

そのため私はその足で、陸上自衛隊の元北部方面総監、田浦正人・元陸将を訪ねた。陸自のナンバー2にまで昇り、4万人近い国内最大の兵力・火力指揮官を務めた、これ以上はない「偉い人」である。自衛隊史上初の〝戦地派兵〟となった自衛隊イラク派遣では、第二次隊長として現地に渡った、いわば「自衛官の戦死」にもっとも近いところにいた男だ。

「田浦さん。唐突で恐縮ですが自衛官はなぜ、殉職のリスクがある厳しい任務を志願できるのでしょうか」

田浦はにこやかに私を迎え入れ、いつもの〝田浦スマイル〟を見せた。どんな相手も懐に入れ虜にする名将は健在で、居心地の良い温もりすら感じる。

「桃野さん、意外に思われるかも知れませんが自衛官は、戦いたいわけでも戦いたくないわけでもないんです」

「どういうことでしょうか」

「自衛官は、国民からの期待に応えあらゆる事態に備えることが仕事です。必要があれば『やってくれ』と背中を押して頂いたら、それで十分です」

わかったようなわからないような、きれいな答えだ。すると困惑する私の思いを見透かしたように、田浦が言葉を続ける。

「自衛官が史上初めて戦死を意識したのは、ご存知のように自衛隊イラク派遣です。その準備中に気がついた、私が違和感を覚えたことがあります。桃野さん、おわかりでしょうか」

「想像もつきません」

「高田晴行・元警視のご葬儀が国主催ではなかったことです」

高田晴行・元警視とは、1992年から国連PKO要員としてカンボジアに派遣されていた、元警察官である。しかし任務中の1993年、地元のテロ組織に襲撃され非業の殉職を遂げられている。日本政府が派遣し、国連平和維持活動の任務中に殺害された自国民であるにもかかわらず、政府が国家として弔う態勢でなかった事実を、田浦は話している。

気がつけば田浦の表情から笑顔が消え、厳しさと哀しさが入り交じるかのような目で話を続けている。おそらく、殉職された多くの先人や同僚・部下たちに思いを馳せているのだろう。

「自衛官は国と国民のために、高い使命感を持っていつでも戦う覚悟ができています。しかしもし、その戦死に対し同じ処遇が繰り返されるのであれば、それは耐え難いことです」

「……はい」

「日本政府・国民には、『自衛官を戦死で失う現実的な覚悟』を持った本質的な法改正、憲法論議をお願いしたいというのは、偽らざる想いです」

リーダーの「武士道」

ご先祖様の霊や、死後の世界というものの存在を信じている人も、信じていない人もいるだろう。しかしその存在を信じない人であっても、「故人が見守ってくれている」と、ふと感じる瞬間があるのではないだろうか。

絶望のどん底から思いがけずに活路が開けたときや、あるいは何気ない日常で小さな幸せを感じられた時などだ。そしてそう想えたことで勇気を貰い、体中に力が溢れてくる。その瞬間、故人の魂が本当に実在するのかどうかは、もはや問題ではない。想う限り、〝かけがえのない人たち〟は私たちの心の中に生き続けており、力になってくれるからだ。きっと、その〝想う気持ち〟そのものを私たちは古来「霊魂」と呼び、心の支えにしてきたのだろう。

今回、保坂元1等空佐、田浦元陸将の2人からお話を聞けて感じたことは、まさにこの強さである。2人の心には、失った仲間に対する愛情、そして殉職した全ての先人への深い敬意があふれている。

言い換えれば、「死ぬ覚悟」に真摯に向き合ってきたからこそ「生きる覚悟」が固まり、大組織を率いる重い職責を果たせたということだ。昔から、私たち日本人はその価値観を「武士道」と呼んでいる。命の儚《はかな》さと大切さを理解しているからこそ、1日1秒を大切に生き、自分と他者をともに大切にできるという価値観である。

翻って、企業や組織でリーダーと呼ばれる人たちの中に、このような覚悟をもって職責に向き合えている人がどれだけいるだろう。部下の人生を預かり、その人生に大きな影響を与えている重責を理解しているリーダーが、どれだけいるだろうか。他者の人生や想い、すなわち〝命そのもの〟に向き合うことすらできていないのであれば、そもそもリーダーシップとは何であるのかすら、理解できていないのではないだろうか。

「部下が言うことを聞かない」

「思うように組織が機能しない」

そんなことに悩んでいるときにはぜひ一度、自問して欲しいと思う。自分は本当に、他者と自分を大切にしながら仕事に向き合えていると、言い切れるのかどうか。

そうすればきっと、おのずから為すべきことの答えが見つかるはずだ。

2 「好きを仕事に」は失敗する

1本の歌が変えたもの

私には、日本がまだバブルに沸いていた1988年から30年もの間、「目の敵」にし続けてきたオッサンがいる。AKB48の生みの親であり、数々のアイドルグループをプロデュースしては多くのヒットを飛ばしてきた秋元康だ。ご存知のように、音楽シーンのみならず幅広い世界のクリエイターに影響を与え続ける、平成・令和を代表する異才の人である。

そんな大人物をなぜ、私が目の敵にし続けてきたのか。それは彼が、よりによって自身がプロデュースに関与する〝商品〟・おニャン子クラブの高井麻巳子さんと結婚してしまったからである。当時中学生だった私は、人生で初めて女性アイドル、高井麻巳子さんに夢中になっていた。

新曲が発売されると必ず予約購入し、

「俺は高井麻巳子さんにふさわしい男になって、芸能界に入り彼女と結婚してみせる！」

などと公言をしては、周囲をドン引きさせていたほどであった。

そんなある日、高井さんは秋元との結婚と芸能界からの引退を発表し、テレビから忽然と姿を消したのである。私はショックのあまり2日ほど寝込み、学校をズル休みしてしまう。

それでもなんとか気力を振り絞り学校に行くと、机には、

「祝！高井麻巳子結婚！」

「今どんなお気持ちですか～？（笑）」

などと油性マジックで落書きされており、犯人と思しき悪ガキどもとブン殴り合いのケンカになった。

あの日を境に、秋元は長く私の不倶戴天の敵になったということだ。

そしてそれから30年の年月が流れた、2018年頃だっただろうか。私は〝大嫌いなAKB48〟の『365日の紙飛行機』を、強制的に聴かざるを得ない拷問に遭わされて

しまうことがあった。

(あの秋元の作った歌か……)

付き合いもあり我慢して聞き始めたのだが、そのうち私はその世界に引き込まれ、気がつけば感動し涙が出てしまっていた。

「この歌には、リーダーにとって大事な考え方のすべてが詰まっている……」

そんなことに、否応なく気が付かされたからだった。

美味しいラーメン店はなぜ潰れたのか

話は変わるが、もう7~8年ほども前のことだろうか。友人が経営するイタリアンの小さな店がラーメン店に鞍替えするということで、グルメサイトなどで大きな話題になることがあった。

彼は前年、ミシュランのビブグルマンを獲得しテレビなどで繰り返し取材され、まさにこれからというタイミングだったからだ。一体なぜそんな無茶なことをするのかと聞くと、こんなことを語る。

「ウチの店は単価も高めでお客さんも1日に5組が限界。それではたくさんの人に楽しんでもらうことができない」

「ラーメン店に鞍替えすれば、多くの人に手軽な幸せを届けられると考えた」

その想いはわからなくもないが、いくらなんでも客層が違いすぎるだろう。不安に思いながら同僚たちと何度かランチで足を運ぶが、さすがにイタリアンのミシュランシェフが作るラーメンということでいつも長蛇の列である。とても待てないということで出直しを繰り返すのだが、3ヶ月ほど経ったある日、開店直後に並び彼自慢の新作ラーメンにようやくありつくことができた。

「美味いっすねこれ！　スープは鶏とトマトでしょうか。付け合せの野菜もオシャレで、女性ウケしそうですね！」

同僚がしきりに褒めながら、夢中になってラーメンをすする。確かにラーメンそのものは個性的で美味しく、他では食べられない唯一無二の圧倒的な完成度だった。この一杯に、彼の並々ならぬ思い入れと世界観が余すところなく表現されており、料理人としての凄さを改めて感じる。

しかしだからこそ、私はこう答えた。

「残念だけどこの店、1年もたないと思う」

「ええ、なんでですか？　こんなに美味いのに」

「考えてもみろ。この一杯、着席してから出てくるまで、どれくらい時間がかかった？」

そのラーメンは、私達が着席してから提供されるまで20分以上かかっていた。後から入ってくるお客さんも同様に待たされており、中にはあからさまにイラつきを見せる客もいて、店内の空気は悪い。

オープンから3ヶ月も経っているのだから、不慣れなオペレーションということではなくそういうルーティンになってしまっているのだろう。注文を受けてからひと手間かけたであろう、チャーシュー代わりの分厚いロースト肉の美味しさも、皮肉にもそれを物語っている。

「このオペレーションだと、客一人さばくのに30分以上必要だ。席数は10で、ランチのコアタイムは120分だから、リソースは1200分しかない。それを30で割ると、この店は最大でも僅か40人しかさばけないことになる」

「……なるほど」

「それで単価が1000円なんだから、1000円×40人×25日で、1ヶ月の売上は最大でも100万円だ。昼しか人がいないこの場所では、夜の売上なんか知れてるだろう。家賃相場、バイトの人件費を考えると粗利を出すのも苦しいんじゃないかな。もたないと思う」

結局彼の店は、予想より遥かに早くそれから5ヶ月もたずに力尽きてしまった。とても残念なことではあるが、当然の結果だった。

「好きを仕事に」が失敗する理由

こう言うと、彼が数字に疎かったから店を潰したように聞こえるかもしれないが、そういう話ではない。彼にとって一番の致命的なミスは、「お客さんが求めていること」ではなく、「自分がやりたいこと」を商売にしたことだ。

彼のこだわりは、イタリアンの技法で一人でも多くの人を幸せにしたいという思いだった。だから安価なイタリアンラーメンをランチで提供しようと考えたわけだが、お客さんがランチのラーメンに求めるのは15分の幸せな時間である。言い換えれば、お客さんがお店に預けても良いと考えている〝人生の貴重な時間〟は、入店から退店まで15分程度に過ぎない。

にもかかわらず、お客さんから30分もの時間を頂くようなオペレーションをしてしまえば、お客さんもお店も不幸になるに決まっているではないか。回転率からも〝美味しすぎる材料原価〟からも、彼の店がオフィス街のランチで成功できる理由は何一つ見当たらない、当然すぎる失敗だった。

よく世間では、「好きを仕事に！」というキャッチフレーズでそのような働き方を推奨するかのような空気があるが、これは大いなる間違いである。

「好きを仕事に」すると、自分の思い込みや価値観が先行し、お客さんやそれを必要とする人のニーズが二の次になって、客観性を失ってしまうからだ。

良いものを作れば売れるのではなく、売れるものが良いものだというのが、ビジネスとマネタイズの基本である。

自分がやりたいことと、お客さんが求めることが重なり合う領域でしか、ビジネスは成立しない。そんな基本を再確認させられた、友人の大胆な挑戦と挫折だった。

ありふれた材料で最高の価値を提供する

話は冒頭の、ＡＫＢ48の『３６５日の紙飛行機』についてだ。なぜ私が、この歌には

「リーダーにとって大事な考え方のすべてが詰まっている」とまで感動したのか。ご存知のようにこの歌には、余りにもありふれた、使い古されたフレーズばかりが並んでいる。

「明日も頑張ろう」といったメッセージ性を含めて昭和を思わせるほどであり、全く目新しいところがない。

しかしだからこそ、故郷の食卓に並ぶだし巻きたまごのような、脳裏に浮かぶ安らぎがある。しかも耳を傾けさせる〝何か〟が、この歌にはある。

その何かに心当たりがあり、DAMのカラオケで歌ってみたらすぐに理解できた。私は何を歌っても80点以上を出したことがない自他ともに認める相当な音痴だが、この歌では一発で92点が出てしまったのである。

数回聞くだけで歌えるフレーズ、オッサンでも無理なく声が出る音域、規則正しく息継ぎができる構成……つまり秋元康氏は、ありふれた材料を用い、僅かな練習でも最高の結果が出る楽曲をプロデュースし、これ以上はない満足を顧客（ファン）に提供したということである。

ラーメン店に喩えるなら、業務を徹底的に標準化し、新人でも1週間でできるオペレーションを組んで、なおかつ行列店にしてしまい、3000円の時給でその労に報いているようなものだといってよいだろう。

　これほど理想的で素晴らしいリーダーが、今の日本にいったいどれだけいるだろうか。最小の投資とありふれた材料で心を打つ名作を作り、従業員の個性を活かしきり、顧客も幸せにしてしまうリーダーである。

『365日の紙飛行機』にはそのような思想や技術の全てが詰まっており、秋元氏の凄さに感動したということだ。

　そして話は、ラーメン店にチャレンジし挫折した友人についてだ。

　思うに私たちは、どんなことでも頑張りすぎると思い詰め、考え過ぎてしまい、かんたんに視野狭窄に陥ってしまう。恐らく彼も、どこかのタイミングで自分を俯瞰し冷静さを取り戻していれば、提供しているものの間違いに気がつけたのではないだろうか。ラーメンを求めるお客さんに対し、ラーメンのような〝豪華すぎる何か〟をたった1000円で出すという、致命的で根本的な間違いである。

　何かを成し遂げたいと願うビジネスパーソンには、熱い情熱と客観的な合理性の両方が無ければならない。時には意識して「頑張りすぎなくて良い」と自分に言い聞かせ、クールダウンしながら自分の目的地と現在地を俯瞰する時間が必要だ。

そして、そんな時間を過ごす際にはぜひ、『３６５日の紙飛行機』を聴くことを、オススメしたい。日本が誇る至宝・秋元康が手掛けた名曲である。

3　新聞社の衰退はスマホのせいなどではない

新聞社が気づいていない「世間とのずれ」

新聞の存在感が、すごい勢いで世の中から失われている。5400万部を記録した1997年の総発行部数は2022年に3000万部にまで落ち込み、44％もの減少になったほどだ。当然、主要各社の売上も大幅に落ち込んでおり、今なお底が見えない。

その理由について、メディアはどこも判で押したようにこんな分析をしている。

「インターネットやスマホの普及で、新聞が読まれなくなったからだ」と。

紙媒体としての新聞については、確かにその通りだろう。

しかし断言できるが、新聞各社の売上が減少し続けているのは決して、インターネットやスマホが普及したからではない。単に経営陣が世間とずれてしまっていて、今もなお間違っているからである。

なぜそんなことを、断言できるのか。

常に新しい老舗企業

話は変わるが、グンゼという社名を聞いてどのようなイメージが思い浮かぶだろう。40代以上の世代であれば、オジサンや子ども向けブリーフのイメージだろうか。もう少し若い世代の女性であれば、レギンスやストッキングのメーカーとして馴染みがあるかもしれない。

令和の今、グンゼはそういったインナー・レッグウェアはもちろん、プラスティック製品や省エネ素材、さらにタッチパネルやスポーツクラブの運営など幅広い分野に進出している会社だ。売上高は1300億円にのぼり、従業員も5000名を数える大企業である。

では一体なぜ、〝子ども向けパンツメーカー〟だった同社が最先端素材や不動産まで扱っているのか。

グンゼはもともと、1896年（明治29年）に京都府北部の寒村・何鹿郡《いかるが》で、生糸生産を手掛ける会社として誕生している。現在の京都府綾部市だが、登記上の本店は今もこの創業の地のままだ。京都駅から嵯峨野線で特急に乗り、1時間以上も揺られて綾部駅で降りると、何もない駅前に驚くほど小さくて静かな街である。

なお1896年といえば、日本にこれといった産業もなく国全体がまだまだ貧しかった時代である。富国強兵の掛け声の下、お茶や海産物などを輸出して外貨を稼ごうとするも、なかなか上手くいかない。

そんな中、日本政府は、生糸の輸出で外貨を稼ごうとするが、日本の生糸はとにかく質が悪く特に欧州で悪評だった。さらに京都産の生糸は、国内からも「品質粗悪」と酷評されていたというのだから、寒村の貧しい暮らしぶりが目に浮かぶだろう。

そんな時代、縁あってこの地で生糸の生産を手掛けることになったグンゼの創業者・波多野鶴吉は、どうすれば生糸の品質を向上させられるか悩む。そして出した結論は、こうだ。

「善い人が良い糸をつくり、信用される人が信用される糸をつくる」

良いものを作るには、先に善い人を育てなければならないという、当然の出発点である。さらに、信用される人でなければ信用される製品など作れないという原点も見出した。そして工場内に従業員向けの寄宿舎を置くと、多くの教室まで設置し、人材育成に多額の先行投資を行うことになる。

このような経営は決して、奇をてらったものではないだろう。目新しさは何もなく、おもしろい話ですらない。

しかし現実の会社経営ではそのような、凡事を徹底するリーダーこそが結果を出すものだ。実際にグンゼの生糸はその後、極めて短期間のうちに「精良優美」という最高の品質評価を、世界で勝ち取ることになる。

さらに1900年(明治33年)に開かれたパリの万国博覧会では金牌を受賞し、翌1901年にはアメリカ向け高品質生糸の輸出が本格的に始まるなど、外貨の貴重な稼ぎ頭に成長し国策に貢献する。「品質粗悪」と敬遠された寒村の生糸は、わずか5年で世界最高の製品に変貌を遂げたのである。

しかしここでお伝えしたいグンゼの凄いところは、実はそれではない。1918年(大正7年)、創業者の波多野は60歳で急逝するのだが、彼が育てた後継の経営陣の優秀さこそが同社の、そして日本の宝だった。

昭和初期、米国でレーヨンの生産が盛んになると日本の生糸生産は大打撃を受ける。生糸よりも安価な繊維素材が普及してしまい、経営環境が根底から覆ってしまったのである。

するとこの経営危機にあってグンゼは、大量の在庫と化した生糸をもとに最終製品の製造・販売に進出する決断を下した。生糸を生糸のままで売っていては二束三文で買い叩かれるが、最終製品にまで仕上げてしまえば十分利益が出ると踏んだのである。

さらにこの時グンゼは、原材料から自社で手掛けている強みを活かし、最終製品の品質に徹底的にこだわった。令和の今でいうところの高級路線を志向し、安い繊維素材では出せない質感と満足感で、消費者の支持獲得を目指すのである。その価格帯は他社製品に比べ２割ほど高かったというが、「金の品質、銀の価格」と呼ばれブランド化し、１９５０年代には揺るぎない地位を確立する。

さらに１９６０年代には時代の変化に合わせ女性向けパンティストッキングを、１９７０年代のベビーブーム期にあってはベビー用品を手掛けるようになり、アパレル事業の基礎を築いた。このようにして今日、年配世代がイメージするグンゼ製品が、私たちの日常に浸透していったのである。

他方、同社の経営陣は起死回生の成功体験にも決して、安住することはなかった。大きな時代の流れはやはり、天然素材から化合繊に移り変わりつつあるのは明白だ。そのため1940年代には新たな繊維素材の研究を始め、1970年代には本格的に化繊の製造・販売を開始する。

さらにその過程で化学製品の取り扱いノウハウを得て、包装資材の内製化を果たすと、さまざまな石油化学製品の製造にも乗り出す。このようにして、プラスティック、塩ビ、特殊フィルムと事業領域の拡大を続け、令和の今ではタッチパネル素材の製造まで手掛ける総合メーカーにまで、成長を果たしたということだ。

常に10年20年先の時代を取り込み、強みを活かした横展開で変化に適応し続ける同社の経営は、呆れるほどに逞しい。成功とは衰退の始まりであり、順調だからこそ危機意識を持たなければならない重要性をも、私たちに突きつけてくれている。

127年続くこの〝常に新しい老舗企業〟から私たちが学べることは、余りにも多い。

新聞社が衰退した本当の理由

話は冒頭の、新聞の衰退についてだ。なぜ、新聞各社の売上減は単に経営陣が世間からずれており、間違い続けているからだと言い切れるのか。

新聞社の本質的な強みとは本来、「知性ある記者・編集者」が「取材やエビデンス」

に基づき、「信用できる情報」を届けてくれることにあったはずだ。だからこそ戦後、新聞人は知識人とされ多くの政治家まで輩出し、「第四の権力」と言われるほど国民の強い支持を得続けてきた。

であればこれこそが、いい加減な情報が流布するインターネットメディアの時代にあって、形を変えながらも守るべき存在意義ではなかったのか。グンゼが磨き上げた最高品質の生糸を横展開し、絶望的な環境の変化をチャンスに変えたように。

にもかかわらず、発行部数が減少傾向になると経営陣は各社とも浮足立ち、この一番大事な本質を見失った。そして自社のコア読者層に迎合し、言説の先鋭化が進み、客観性を失い続けている。

このような本質を放棄した方法で、発行部数も売上も維持・回復できるはずなど無いではないか。

もちろん全ての会社、全ての記事・紙面がそういうわけではない。今もなお、会社により高い志で紙面づくりに尽力している素晴らしい記者がいることも、私は知っている。

しかし「悪貨は良貨を駆逐す」の言葉通り、ファクトの疑わしい恣意的な言説が僅かに混入するだけで、もうその紙面は全てが台無しになってしまう。できたての美味しいラーメンにたった1滴の泥水を垂らすだけで、もうそれは誰も食べられない生ゴミになるということだ。

「善い人が良い糸をつくり、信用される人が信用される糸をつくる」

グンゼの創業者・波多野鶴吉が定めたこの創業の原点をみて、新聞各社の経営者は今、何を思うだろうか。

「善い記者が良い紙面をつくり、信用される記者が信用される紙面をつくる」

そんな想いで、自社の社員を大事に育てているだろうか。

環境の激変を乗り越え127年、強く逞しく成長を続けるグンゼの歴史からぜひ、多くのことを学んで欲しいと願っている。

余談だが、同社は1987年(昭和62年)、祖業である生糸の製造から完全に撤退し91年の歴史に幕を下ろしている。では今のグンゼは、波多野がつくった会社とは別物なのだろうか。私は決して、そう思わない。経営者が創造するものは〝本質的な価値〟であり、創業の理念は今もなお、経営陣によって墨守され続けているのだから。

グンゼの歴史や経営陣のこのような決断は、創業の地・京都府綾部市に所在する「グンゼ博物苑」を訪れれば、より肌感覚で体験できる。大正時代の繭蔵の雰囲気がそのままに感じられる博物館になっており、訪れるだけでも楽しめる場所だ。京都駅から特急で1時間以上かかる長旅になるが、それだけの価値がある場所である。

ぜひ企業や組織のリーダー、リーダーを志す人には一度、足を運んでもらいたいと願っている。

4 自衛隊の指揮官が本当に恐れていること

納得できない〝価値観〟

「比べものになりません。福島原発のほうがはるかに厳しい任務でした」

「え？ 連日連夜、ミサイルを撃ち込まれたのに……ですか？」

これは陸上自衛隊のナンバー2、田浦正人・元陸将からお聞きした〝裏話〟だ。自衛隊の歴史上、もっとも過酷な「戦場」で指揮官を歴任した、数少ないリーダーの一人である。

その中で、特に厳しかったと思われる任務の一つが、自衛隊イラク派遣の第二次隊長を務めた時のこと。田浦が部隊を指揮した半年間、宿営地には自衛隊イラク派遣期間中の半分に相当する、大量のロケット弾が撃ち込まれた。他国軍では多くの兵士が死傷する中、文字通りの戦場に立ち指揮を執ったということだ。

もう一つの厳しい任務だったと思われるのが、３・11福島第一原発への赴任である。震災が発生すると、田浦は直ちに現地入りを命じられ、自衛隊、警察、消防、その他の現地組織を統括するポストに就いている。一般に全く知られていないが、あの緊急事態の中で原発の制圧、すなわち日本の命運を担うポジションを任されたリーダーであった。

この二つの任務、どちらも想像もできないほどに厳しかったと思うが、

「イラクと福島原発、リーダーとして指揮官として、より過酷だったのはどちらの現場でしたか？」

とお聞きした際に即答で返ってきたのが、冒頭の言葉ということである。

納得がいかない。いくら福島原発が厳しかったといっても、いわば国内の災害対処だ。異国の戦場で大量のミサイルを撃ち込まれるより厳しいなど、ありえないだろう。すると田浦はニコリと笑い、説明を始める。

「桃野さん。リーダーになる幹部自衛官は皆、『任務分析』という教育を受けています。この考えに照らせば、答えは明らかです」

「頑張ってもムダ」ですべてが壊れた

話は変わるが、大阪の中堅メーカーで経営の立て直しに携わっていた頃の出来事だ。ある日、経営トップが私のもとに来るとこんなことを言う。

「経理部の山本やけど、あいつも退職勧奨でいいんちゃうかな」

山本はまだ20代の後半だったが、頼りになる存在だった。そのため驚き、いったいどういうことかと聞き直す。

「単純な話や。総務・経理は問題なく回ってるし、もう少し人を減らしても問題ないんちゃうかな」

「社長、〝問題なく回っている〟は決して、余裕があることを意味しません。これ以上の人員削減はデメリットが上回ります」

今に始まったことではないが、間接部門を軽視するリーダーは必ずこれを言う。業務が回っているのだから、人が余っているんだろう。まだ減らせるはずだと。

こういった「兵站軽視《へいたん》」のリーダーには一度、給与を遅配し請求書を放置して、間接部門が機能不全を起こす恐ろしさを体験させるべきだ。しかしそんなことをしたら大変なことになるので、責任感のある社員はサビ残をしてでも、3人ですべき仕事量を2人で消し込む。すると愚かなリーダーは必ずこう言う。

「ほら、やればできるだろう」

そんなある日、経営トップが役員会にこんな提案をする。

「社員の給与を一律５％カットしたい。即効性のある経費削減なので、各部門長は検討して欲しい」

「社長、数字はもちろん理解しますが、この状況での一律カットは社員の心理的負担が大きすぎます。時短勤務など、納得感のある選択肢との抱き合わせを検討させて下さい」

「労働基準法の上限で雇用契約を設定してるのに、それはコスト増に繋がるだけやろ。必要ない」

「……」

情けないことに、私にはこの時、これ以上の言葉が出てこなかった。

しかし何度かのリストラ、賞与の全額カット、サービス残業の事実上の強制、それにともなう業務量の増加で社員の心身は疲弊しきっている。そんな状況の中で、給与の一律カットで追い打ちをかけるとさすがに限界を超えてしまう。給与を無条件にカットするという経営の意思表示は、「頑張ってもムダ」と通告するに等しく、それ程に重い。

そして実際、この通達を出した直後に恐れていたことが起きる。現場リーダーの女性社員を中心に翌日から、「出社拒否」が始まってしまう。初日は3名だったが、同調する社員が増え3日めには20名を超えた。

結果、製造ラインは部分的に停めざるを得なくなり、対応しきれない数のクレーム電話が入り最終的に工場は機能マヒに陥る。そして彼女たちはまとまって行動し始めるのだが、要求はシンプルで、社長の退任と給与カットの回復だった。

こんな自然発生的な〝本物のストライキ〟など、平成の日本で起こり得るものなのか……。そんなことを考えながら私も生産ラインに加わり徹夜で、わずかでも非常事態の対処にあたる。

その一方で〝ストライキ〟を始めた社員たちには、

「状況が落ち着いたら、経営トップの交代を検討すること」

「まずは顧客のために、ラインに戻ってきてほしいこと」

を呼びかけ、なんとか2週間で事態は収まることになった。

なおこの騒ぎの渦中にも、社長から〝リストラ候補〟で名指しされた経理の山本はサビ残で、私とともに生産ラインに立ち続けてくれた。彼よりも年配の幹部が早々に辞職を申し出る中で、である。

そんな徹夜明け、汗だくで生産ラインから上がってきた私をみつけた経営トップが言った言葉が、今も忘れられない。

「どうしてこんなことになったんかな。本当にわからへんねん……」

「……」

私はなぜ、この人を止められないのだろう。経営トップに、自社と自分を客観視させることができなかった私にナンバー2として重大な責任があることに、疑いの余地はない。しかし何を言えば、この人の意思を変えられたのだろうか……。

結局、当時の私にはその明確な答えを見つけることはできなかった。しかしそれから随分と時間が経ち、今は一つの明確な答えを持っている。

このような時に、リーダーを支えるナンバー2がやるべきことは、明らかだ。

組織を別物に変えた「リーダーの一言」

話は冒頭の、田浦元陸将の言葉についてだ。なぜ、連日連夜ミサイルが撃ち込まれたイラクの〝戦場〟より、福島第一原発の任務のほうが厳しかったのか。

「桃野さん。リーダーになる幹部自衛官は皆、『任務分析』という教育を受けています。この考え方は『必成目標』と『望成目標』という、具体的に達成すべき目標を導き出すものです」

「はい」

「必成目標は、必ず達成しなければならない具体的な目標です。望成目標は、可能であれば達成すべき目標です。私たちはあらゆる任務で、これを意識します」

「……はい」

「そしてイラクでの必成目標は、隊員全員を無事に帰国させることでした。それ以上に大事なことは無いので、ミサイルを撃ち込まれたら避難するという判断以外にありえません。怪しいと思ったら、部族長訪問もドタキャンしました」

（……なるほど）

「しかし福島第一原発は違います。必成目標は原発を鎮めることでした。目標達成の為に部下に対し、無事帰還できない可能性が低くない任務を命令する覚悟を、求められたのです」

「……」

あまりの重さに、言葉を失った。原発制圧のために、自身と部下の命をも求められたリーダーがいたことを、私は全く知らなかった。なおかつ、政治家はこのような時、もし犠牲者が出ても絶対に結果責任など取らないだろう。

つまり原発制圧の過程で、もし田浦やその部下が犠牲になっていれば必ず田浦がスケープゴートにされ、ご遺族からも恨まれていたであろうということだ。

そのような中、国民と国土を守るという〝必成目標〟のため粛々と決断を下し続けたリーダーシップの重さは、とても言葉になどできない。決して表に出ることがない〝裏話〟だがぜひ、それぞれの解釈で受け止めて欲しいと思っている。

そして話は、私がナンバー2として止められなかったリーダーについてである。私はあの時、あの立場でどのように振る舞うべきだったのか。

それはシンプルに、「社長、ウチの会社が果たすべき任務はなんでしょうか」という、繰り返しの呼び掛けだったのではないだろうか。つまり会社、社長、私の任務分析と共通認識の形成である。

言うまでも無いがこれは、額縁の中でホコリをかぶっている〝経営理念〟や〝クレド〟などというキレイゴトとは別次元の話である。当社の必成目標と望成目標は、何なのか。経営トップとナンバー2である私が短・中・長期それぞれで意思疎通できていれば、あそこまで場当たり的で間違った経営判断が下されることは無かっただろう。

そして残念なことに、日本では経営陣、すなわちリーダーの利益を最優先に経営判断が下されることが、余りにも多い。そんなリーダーにもし任務分析を求めたら、きっとこんなことを言うのだろう。

「顧客第一主義」

「従業員の幸せが第一」

そんな時に自分がナンバー2なら、こう返してみてほしい。

「社長、従業員の幸せが必成目標なら、リストラではなくまずは経営陣が家を売るべきでは」

極端な議論だと思われるだろうか。しかし福島原発で田浦は、原発が水素爆発を起こし次々と制御不能に陥る緊急事態の中、東京電力の吉田昌郎・福島第一原発所長（当時）のもとに行くとこんな事を言っている。

「吉田さん、あなた方になにかあれば、どこであっても、どれほど危険な状況でも、必ず助けに行きます。そのための準備は整っています」

それを聞いた吉田は田浦の手を握り、ただ無言で、ひとすじの涙を流したそうだ。

（何が起きても、この人は俺たちを見捨てない……）

そんなことを信じることができた吉田の心中は、いかばかりだっただろうか。家を売るどころか、命をかけて助けにくると宣言しているのである。

リーダーに対する信頼はそれほどに、組織を別物に変える。優れたリーダーとはこれほどに、皆に勇気を与える。

ぜひ、この自衛隊の「任務分析」という考え方を一人でも多くのリーダーに参考にして欲しい。そして、それに恥じないリーダーを目指し行動することを願っている。

5 器の小ささが混乱を招く

なにかがおかしい

「歴史に残る優れたトップリーダー」と聞かれたら、どんな人物を思い浮かべるだろうか。

織田信長のような、強烈なトップダウンタイプ。

アンドリュー・カーネギーのような、傾聴力に優れたタイプ。

スティーブ・ジョブズのような、天才肌。

人によってイメージも理想も様々だと思うが、私には昔から一人だけ、「こんなリーダーシップ、本当にありえるのだろうか」と、疑問に思っていたリーダーがいる。日露戦争においてロシア軍を打ち破り、世界を驚かせた大山巌元帥だ。西郷隆盛のいとこであり、太平洋戦争で日本が敗れるまで理想のリーダーとして、多くの人の尊敬を集めた人物である。

しかしその語られるところは、ある意味で異質だ。部下に仕事を任せ、自分は何もしない。いつもニコニコしているだけで、部下の仕事に一切口を出さない。

「責任は私が取るから、好きにやりなさい」と言って、職場にもロクに顔を出さない。

その姿勢は徹底しており、日露戦争のさなか、ロシア軍の総攻撃を受け大混乱する司令部にひょっこり顔を出すと、

「外が騒がしいですね、何かあったんですか？」

と、ニコニコしながら聞いたというエピソードがあるほどだ。

こんな総大将が優れたリーダーであるなどということが、本当にあり得るのか……。

しかしその大山を実務面で支えた児玉源太郎・総参謀長は、

「ガマ坊（大山）だったからこそ、日本は勝てた」

と後々まで、心からの敬意を語り続けている。

理屈ではなんとなくわかるものの、こんなリーダーが職場にいたら間違いなく部下から舐められるだろう。肌感覚に合わない違和感を長年持ち続けてきたのだが、しかしいいオッサンになった今は、こう思っている。

「叶うなら、大山巌のような優れたリーダーになりたい」と。

指揮官が壊れた組織をみた

話は変わるが、大阪の中堅メーカーの立て直しに携わっていた時のことだ。取引先などから多額の支援を受け、また数億円の銀行借り入れもリスケしながらなんとか資金を繋いでいたが、業績は一向に上向かない状況が続く。

「法的整理も現実的な選択肢か……」

そんな考えが頭をよぎるなど、経営は非常に追い込まれていた。

こうなると、株主からの追及は本当に厳しいものになる。役職員の給与カットはもちろん、結果を出せない幹部の解任、従業員の整理など容赦ない要求が叩きつけられる。役員会には毎回、大株主が出席し、赤字を出し続ける事業本部長への厳しい追及が続いた。

「なぜ営業計画が予定通りに進んでないのでしょうか。どうすれば計画を達成できるのか、説明して下さい」

「連日、遅くまで営業をしているのですが……。今後は土日も休まず、寝ずに営業します」

「精神論はやめて下さい。数字を上げられない理由を説明し、その解決策を出すよう求めているんです！」

「……」

大手商社の出身で、やり手という話だった本部長は全く機能しない。定量的な会話を求める株主からの追及に精神論で返すなど、噛み合わない状況が続く。

「3週間後にもう一度、臨時の役員会開催を要求します。本部長はそれまでに、現実的な改善計画を作成して下さい」

「……わかりました。次回は営業部長と製造部長の2名も参加させ説明させます」

こうしてなんとか終わったその日の役員会だったが、翌日からが悲惨だった。本部長は営業や製造など各部を回ると、ヒステリックに怒鳴りながら思いつきの指示を繰り返す。

「フロアの照明は間引きにしろ！」

「今の5倍の数を回れる営業計画を作れ！」

さらに20時、21時になり営業部の社員が帰ろうとすると、

「成果も出てへんのに、もう帰るつもりか！」

と引き止めるなど、もはやカオスだ。

（負けをこじらせると、こうやって指揮官から組織が崩壊するのか……）

そんなことを感じずにはいられない空気に、こちらまで気持ちが持っていかれそうになる。そして迎えた3週間後の臨時役員会でも、本部長は変わらなかった。

「光熱費をできるだけ節約して、経費を抑えます」

「営業計画を洗い直したので、必ず数字が出るはずです」

根拠のない説明に株主は前回よりもさらにイラ立ち、厳しく追及する。その後ろでは、営業部長、製造部長が下を向き、ひたすら申し訳なさそうに萎縮している。

実は自分こそが無能だった

そんな非生産的な空気に耐えかね、私は思わず製造部長に話しかけた。

「部長、製造コストのうち大きな部分を占めているのは電気代です。これ、熱源をガスに変えるだけで大きなコストダウンが見込めませんか？」

「はい、この火力はガスにすべきです。電気にするメリットは、おそらく無いと思います」

「ではなぜ、電気を選んだのですか？」

「設備投資のイニシャルコストが安かったので、本部長の指示で更新時にそのようになりました」

冗談だろ……。一般に熱源のランニングコストはガスのほうが安いことくらい、私でも理解している。するとこの会話に、すぐに株主も食いつく。

「その設備を改めてガスに更新したら、どれくらいのコストが浮きますか？」

「正確には即答できませんが、おそらく毎月100万円くらいでしょうか」

「設備の入れ替えには、どれくらいコストがかかりますか？」

「ざっと2000万円くらいだと思います。かなり有利な投資だと考えます」

そりゃあそうだろう。つまりこの投資は1年8ヶ月で元が取れ、品質を落とさず、誰の負担にもならずに大きなコストダウンになるということである。やらない理由が、何一つ無い。

その後も製造部長に、原材料費や製造原価のうち大きな割合を占める費目について質問を投げかけるが、返ってくる答えはいずれも完璧だった。

「200万円の型代予算を付けて頂ければ、この部材はA社からB社に切り替えたほうが得です。年間500万円のコストカットが見込めます」

「現在実施しているこのコストダウンは無意味です。原材料費は安くなるのですがその分、人件費でカバーしてるので高くついています」

結局この日の役員会は、どれくらいの追加投資があればどれくらいのコストダウンが見込めるのかを出すよう、思いがけない追加支援の話にまで発展する。そしてそのうちのいくつかは実現し、経営改善の大きなきっかけとなった。

この日のやり取りで、私は自分の至らなさ、CFO（最高財務責任者）としての能力の低さを嫌というほどに思い知らされた。数字に弱い本部長は確かに情けないが、実務で悲惨な被害を受けていたのは、その下にいる部下たちである。

であればCFOは、各部署に積極的にオーバーラップし、問題点や考え方を定量的に示して、その意思決定をサポートすることこそがむしろ本分だったのではないのか。その事に気がつけていれば、もっと早く経営改善を進めることができていただろう。

経営を定量的に示すことはスタートに過ぎないのに、ゴールであると勘違いしていた私はどれだけ多くの人に、迷惑をかけただろうか……。もうずいぶんと前のことだが、無能な自分への戒めとして、今も心に刻みつけている。

将器のリーダーシップの正体

話は冒頭の、大山巌についてだ。なぜ、ロクに職場に顔を出さず、部下に仕事を丸投げするようなリーダーが日本の総力を統率し、ロシアを打ち破ることができたのか。

大山は部下の意思決定ややり方に細かく口出しするような人ではなかったが、その一方で定量的に組織の状態を把握することに長けている人だった。昨日と今日の数字の差、先週と今週の数字の違い、先月と今月の数字の変化……。

令和の時代の組織運営では基本中の基本ではあるが、組織の変化や異常値は必ず差分に現れる。というよりも、何が正常で何が異常であるのかは、数字を比較し差分を評価しなければ、把握することなど不可能だ。そしてマクロの差分からミクロにブレイクダウンしていくと必ず、変化や異常の驚くような根源に突き当たる。

極論、経営改善のヒントも、社員の頑張りも、横領などの不正も、差分を見ていればほぼ見逃すことはない。

そして大山を支えた総参謀長の児玉源太郎は、最低でも1日2回、大山への定時報告を欠かさない人だった。つまり大山は、組織の状態や練度・士気、できることやできないことを全て正確に把握していたということである。この瞬間にこそ、将器の大きさが現れる。

つまらないリーダーは、異常値の表層に一喜一憂しデタラメな指示を出しまくってしまう。まるで、株主から詰められパニックを起こした事業本部長のように。

並のリーダーなら、数字を正確に把握した上で適切な改善方法を部下に指示するだろう。これはきっと、現場の困りごとを定量的に把握し、相談に乗ることを覚えた無能CFOの私である。

できるリーダーなら、数字を正確に把握した上で部下に示し、改善方法を自ら考えるよう促すのではないだろうか。この方法だと、効率よく人が育つようだがしかし、問題発見能力そのものはきっと身につかない。

そして最高のリーダーはきっと、数字を正確に把握し問題を理解しながら一切口を出さず、ギリギリまで耐える事ができる人だ。簡単なようだが、全責任を担いながらのこのような忍耐など、相当な胆力がないとできるものではない。

そして部下から見ればそんなリーダーは、大きな裁量を任せてくれながら困った時には相談に乗り、適切な助言をしてくれる上司に映る。言い換えれば、手柄は部下の取り放題で、失敗はすべて自分の責任として引き受けるリーダーである。

こんなリーダーの率いる組織が、弱いわけがないだろう。これこそが大山巌のリーダーシップであり、世界を驚かせた日本軍の勝因の一つになったのだと確信している。だからこそ、叶うのであればこんなリーダーになりたいと願い、一人でも多くのリーダーにその高みを目指して欲しいと願っている。

敗戦で教科書から消え、いなかったことにされている偉大な先人は、とても多い。そんな〝学校で教えない近現代史〟に多くの人が目を向け、そして大きな責任を取りきった先人の生き方に興味を持ってもらえることを願っている。

6　可能性を信じるところから始まる

ありえない奇跡

「139－0」という数字をみて、何のことかすぐに分かる人はいるだろうか。これは2016年12月、第96回全国高校ラグビー大会において記録された、東福岡高校と浜松工高校のゲームスコアだ。

このゲームで東福岡高校は20トライを奪ったのだが、高校ラグビーは30分ハーフの60分ゲームである。つまり3分に1本ペースでトライを上げ続けた計算になるが、これはもはやゲームといえる状況ではない。

139得点は大会新記録となったが、逆に敗れた選手たちは、きっと心から悔しかっただろう。為すすべもなく、戦いようがない戦況のままグラウンドに立ち続ける無力感は、察するに余りある。

しかしもし、このような大差で敗れた子どもたちが指導者に恵まれ、猛練習に励み、わずか1年でリベンジを果たしたとしたら、どう思われるだろうか。

そしてそれは過去、実際に起きた。40代以上の人であればご記憶だと思うが、ドラマ「スクールウォーズ」で知られる、山口良治の物語だ。

山口は1975年に伏見工業高校（現・京都工学院高校）ラグビー部の監督に就くが、その直後、花園高校相手に112－0の大差で敗れた。しかしその1年後、京都府大会の決勝で同校を18－12で撃破し、子どもたちと泥まみれになりながら歓喜の大泣きをする。さらにその勢いのまま1981年、全国制覇まで成し遂げてしまい、日本中のラグビー関係者を驚かせる奇跡まで起こしてしまった。

この話から、どのようなことを感じるだろうか。

山口は元日本代表の一流選手だったので、指導者としても一流だっただけだろうと、思われるかも知れない。あるいは、たまたま才能のある子どもたちに恵まれたレアケースだと考える人もいるだろうか。もちろん現実として、そのような要素も間違いなくあっただろう。しかし私はどちらかというと、それは大した問題ではないと思っている。

そしてこの奇跡からは、間違いなく誰にでもできる「結果を出せるリーダーの姿」を学ぶことができるとすら思っている。それはどういうものか。

“負け犬集団”を変えた男

話は変わるが、かつてアメリカに一つのおかしな航空会社があったことをご存知だろうか。その会社は、定時到着率、手荷物紛失率、乗客10万人あたりのクレーム数で、ダントツの全米ワーストであった。

加えて、搭乗拒否数（所定の手続済にもかかわらず、ゲートで搭乗を拒否される旅客数）でもワーストを争うエアラインである。そのため10年間で2度、会社更生法の適用を申請し「何度も倒産」するような惨状であった。１９９４年当時の、コンチネンタル航空である。

こんな航空会社は、控えめに言ってさっさと消滅すべきだろう。しかしこんな状態でもなんとかして立て直してみせると、名乗りを上げた変わり者の経営者がいた。米海軍の士官出身で、パイロットでもあったゴードン・ベスーンである。

そして結論から言うと、同氏はコンチネンタル航空のＣＥＯに着任するとわずか1年で会社を黒字化させ、同社を全米屈指の愛されるエアラインに大復活させてしまった。

定時到着率、手荷物紛失率、クレーム数など主要指標を全て、全米でもっとも優れた成績に押し上げ、超優良エアラインに生まれ変わらせたのである。

いったいどんな魔法を使ったと思われるだろうか。

正直、彼が実施した施策を細かく挙げていけばキリがない。しかし本質的に、彼がやったことは就任直後に全従業員と交わした、たった一つの約束に収斂《しゅうれん》される。

「定時到着率で全米5位以内に入ることができれば、全従業員に65ドルの臨時ボーナスを出す」

というものだ。

なんだ、たった7000円ポッチで従業員を釣っただけかと思われるかも知れないが、違う。ゴードンはコンチネンタルのCEOに就くとすぐに、この組織が持つ本質的な二つの病理に気がつく。

一つは、従業員がいつ幹部を襲撃するかわからないほどに、上下の信頼関係が全く成立していなかったこと。もう一つは、組織の隅々まで〝負け癖〟が染み付いていたことだ。

お客さんから罵られ、上司は責任から逃げ、オマケに何度も給与をカットされているのだから、当然だろう。

この状況を見てゴードンは、まず経営陣が従業員に信頼されなければ組織が機能しないと考える。そして「勝つ楽しさ」を体験させないと、従業員は顔を上げてくれないとも。そのため、少し頑張れば成果が出る課題でボーナスを出すという約束を、従業員と交わしたということだ。

この申し出に、従業員は半信半疑ではあったものの、それぞれができることに着手する。全米1位を目指せと言われても無理だが、5位以内ならまあ頑張ればできるかな、という目標だからだ。するとなんと従業員たちは、この約束の翌月にはさっそく、全米4位の定時到着率を達成してしまう。

さらにゴードンはゴードンで、65ドルから源泉徴収し雀の涙ほどになった金額をそれぞれの銀行口座に振り込む……ようなことはしない。手取りで65ドルキッチリになるように計算し、できる限り多くの従業員に直接、小切手を配って回った。

繰り返される給与カットで、生活もままならなかった従業員たちが「たった7000円」の小切手を見てどう思っただろうか。ある従業員は、子どもの手を引きスーパーに連れていき、「好きなシリアルを何でも買ってやる!」と、誇らしげに胸を張ったそうだ。

ある従業員は小切手をもらったことを夫に隠し、長い間欲しかったものがついに買えたと、ゴードンをつかまえて嬉しげに自慢までしてしまったそうだ。

たったこれだけのことでゴードンは、全従業員から「今度のボスは信じられる！」という評価を勝ち取り、そして「勝利の喜び」を味わわせてしまった。するとゴードンは次に、「全米1位になった月には、100ドルのボーナスを出す」と、新たなハードルを設定してしまう。

「俺たちの本当の仕事はなんだ？」

しかし一度顔を上げ、目を輝かせ始めた従業員ほど、強いものはない。この程度の目標など軽々とクリアしてしまい、ついに全米首位を獲得してしまった。

もはやコンチネンタルの空気は一変し、自信と活気に満ち溢れた「デキる集団」に生まれ変わろうとしていた。

ところがここで一つ、大きな問題が発生した。定時到着率が改善するにつれて、乗客の手荷物紛失率が悪化してしまったのである。容易に想像がつくと思うが、従業員たちは定時到着率のご褒美に目がくらみ、荷物の取り扱いを疎《おろそ》かにしてしまっていた。

この事態にゴードンは、「手荷物紛失率を全米5位以内に改善すればボーナスを……」などとは言い出さなかった。ゴードンは、従業員たちに問いかける。「俺たちの本当の仕事はなんだ？」と。手荷物は無くなってもいい、定時に目的地に着けさえすれば十分だというお客様がどれだけ存在するだろうかと。

経営者を信じることができ、そして勝利を渇望しはじめた集団にはもはや、新たな問題は解決すべきエキサイティングなチャレンジになっていた。自分たちの本当の仕事は、お客さんに満足して頂くことだとすぐに理解する。

そして経営者が「勝つために何をすればよいのか」を示すと、それを実行するためのボーナスなど、もはや必要なくなっていた。「成果が出ること」以上に気持ちのいいことなどないことを、彼らは知ってしまったのだから。

するとゴードンも、就任からわずか7カ月後には前経営者にカットされていた従業員たちの給与を、元の水準に戻す。さらに利益が出始めると、税引前利益の15％を全従業員に還元すると約束し、従業員たちは喜びに沸いた。

経営者と従業員の間に強固な信頼が生まれ、そして努力には必ず成果が伴い、さらに報酬として目に見えて報われるのである。

従業員たちに最高の笑顔が溢れ、コンチネンタル航空が全米で最も愛される航空会社に大変身を遂げるまで、それほど時間がかからなかったのも当然だろう。これが、ゴードン・ベスーンという一人の経営者がやってみせた、「奇跡の再建劇」の全てである。

これは奇跡ではない

そして話は冒頭の、伏見工業高校と山口良治が成し遂げた「わずか数年で全国優勝」の奇跡のことについてだ。

山口は伏見工業高校に赴任すると、「不良少年」たちの暴走バイクに立ちはだかり、体当たりで授業に引きずり出そうとする。毎朝迎えに行き、家から無理やり引っ張り出すような面倒くさいことまで繰り返した。

「不良」という呼ばれ方を積極的に受け入れ、悪いことをすることで目立ち、承認欲求を満たしていた子どもたちである。そんな時に体当たりで、損得抜きに自分を認めようと努力する山口の姿は、子どもたちの目にどう映るだろう。

「コイツのいうことなら、ちょっとくらい聞いてもいいかな」

と、心を開くことは目に見えているではないか。

こうして山口は、ラグビーを通じて子どもたちに一つずつ小さなハードルを越えさせ、勝利の喜びを刷り込み始めた。

「承認欲求を満たすより気持ちのいい方法」を教え込んでしまったのだから、子どもたちがラグビー中毒になるまでに、1年も必要としなかったのも当然だろう。こうして伏見工業高校は、「112－0」の惨敗からわずか1年でリベンジを果たし、その勢いのまま全国制覇までしてしまうことになる。

これらゴードン・ベスーンと山口良治の起こした奇跡は、本当に奇跡なのだろうか。私は全く、そう思わない。彼らは他のリーダーに比べ、ほんの少しだけ「信じる力」に長けていただけである。部下や子どもたちの中に眠る無限の可能性を、毛の先ほども疑わずに信じる力だ。そしてそれこそが、リーダーの力量である。

思えば私たちは、大人になるにつれて経験を積み、自分たちの限界を勝手に設定してしまうようになる。自分で自分の可能性を否定し、挑戦する気力を失いながら歳を重ねる。

しかしそんな時に、自分にもまだまだ可能性があるんじゃないかと信じさせてくれるリーダーに出会えたら、どう思うだろう。さらに結果が出て、努力が目に見えて報われたら？

考えただけで、ワクワクするのではないだろうか。

あえてこんな言い方をするが、ゴードンや山口の成し遂げたことなど、誰にでもまねができることのはずだ。ぜひ一人でも多くのリーダーたちが、この古くても色褪せない彼らの業績に目を向け、多くの人をそんな興奮にリーディングすることを、願っている。

そして私たち一人ひとりも、年齢や環境を言い訳に挑戦し続けることを止めるべきではない。

冒頭でご紹介した、「１３９－０」で敗れた浜松工高の子どもたちも同様である。過去のゲームでは確かに敗れたかも知れないが、ゴードンや山口が証明して見せたように、それは将来の可能性と無関係なことは明白だ。

挑戦を諦めない限り、誰の人生にもノーサイドはない。

7 人生に意味なんかあるのか

ジョブズの言葉は間違っているのだろうか

スティーブ・ジョブズ氏の伝説のスピーチといえば、恐らく多くの人が“Stay Hungry. Stay Foolish.”（ハングリーであれ、愚か者であれ）のフレーズを連想するのではないだろうか。

これは2005年、米スタンフォード大学の卒業式で、若者に向け贈ったスピーチの締めで発せられた言葉だ。自身の求める理想の生き方に重ね合わせ、共感を呼んだのだろう。短く印象的な言葉でもあり、2011年に同氏が亡くなってから今もなお、目にすることが多い。

しかし私はこのスピーチで、ジョブズが一番伝えたかったのは実はこれではないと確信している。

彼が一番伝えたかったのはきっと、以下の部分のはずだ。

"Again, you can't connect the dots looking forward. You can only connect them looking backwards. So you have to trust that the dots will somehow connect in your future."

ざっと意訳すると、以下のような感じだろうか。

「もう一度言います。将来を見据えあらかじめ、点と点を繋ぐことなど不可能です。できることは、後から繋ぐことだけです。だから私たちは、今やっていることが将来、何かに繋がると信じるしかありません」

このスピーチを語っている時のジョブズは、1年前に膵臓がんが見つかり、余命半年と告げられるなど闘病生活のまっただ中にあった。

そして学生たちに三つの言葉を贈っているのだが、その最初にこれをもってきている。さらに2度繰り返し強調しているのはこのフレーズだけであり、特に伝えたかったメッセージであることに疑いの余地はないだろう。

死を意識してもなお、自分の身に起きていることに意味を見出そうとする姿勢は、もはや神々しささえ感じるほどだ。そんなこともあり私も、自分の書き物にこの言葉をたびたび引用し、そのメッセージ性を伝えたいと願っている。

しかしそんなある日、友人の大学教員からこんなことを言われたことがある。

「桃野さんのお考えは理解します。でも私にはどうしても、今も意味を見いだせない出来事があるんです。人生全ての出来事に、本当に意味を与えられるものでしょうか」

大学で准教授、教授を歴任し、定年退職後の今も教壇に立ち続けるなど、知性と教養にあふれる女性からの問いかけだ。きっと考え続け、今もなお、どうしても答えが見つからない出来事があるのだろう。

いったいそんな重い問いかけに、私はどう答えるべきだろうか……。

「きさま、叩き斬ってくれる！」

話は変わるが、白隠禅師という臨済宗の高僧として知られる人物が、江戸時代にいる。1685年に駿河国原宿（現在の沼津市）に生まれ、1768年に83歳で大往生を遂げるまで、時代にあった禅の教えで多くの人の苦しみを救ったお坊さんだ。

有名な逸話がある。ある日、若い侍が白隠の下を訪れると、こんなことを問いかけることがあった。

「禅師、地獄などというものは本当にあるのか。どこにあるのか」

「お前は武士のくせに、地獄が怖いのか、とんだ腰抜けだな！」

その後も禅師は言葉を変え、この臆病者よと侍を嘲笑い罵り続ける。すると、ついに我慢しきれなくなった侍は刀を抜き、白隠の頭上に振り上げた。

「きさま、叩き斬ってくれる！」

そしてまさに刀が振り下ろされる刹那、白隠は侍に向け大喝する。

「それ！　そこが地獄じゃ！」

その言葉に全てを悟った侍はただちに刀を収め、膝をつき詫びを入れた。

「大変失礼しました、どうかお許しください」

すると禅師は、満面の笑顔で言った。

「ほれ、そこが極楽じゃ」

一体なにが地獄で、なにが極楽だったというのか、いろいろな考え方や感じ方があるだろう。そこを深掘りする前にもう一つ、別のエピソードにお付き合い願いたい。

茶の湯を大成したことで知られる千利休はある日、弟子の一人から茶の湯とは結局、どういうものかと問われる。すると利休は以下の七つを挙げ、これが全てだと答えた。

「茶は服のよきように」「炭は湯の沸くように」「夏は涼しく、冬は暖かに」「花は野にあるように」「刻限は早めに」「降らずとも雨の用意」「相客に心せよ」

これは利休七則と呼ばれ、茶道を嗜む者であれば誰でも知っている基本原則だ。そのためこんな〝当たり前〟のことを言われた弟子は、思わず口走ってしまう。

「そんなこと、知っています」

「わかっていても出来ないのが人間です。もしあなたがこれらを全てできるなら、私を弟子にして下さい」

言うまでもなく、〝道〟とは永遠に完成しない、理想を追い求める過程そのものが芸術ともいえる人の営みだ。そのため弟子の愚問に対する回答として、これ以上の説明はないだろう。

しかしここで、一つの疑問が浮かぶ。

白隠を手に掛けようとした侍、茶の湯の真実を知りたいと考えた弟子、この二人はともに、この世の真理を知りたいと師に教えを求めた。言わば同じように、知的欲求に対する答えを求めたわけだがなぜ侍だけ、自ら〝地獄〟に落ちたのだろう。

やや乱暴な説明で恐縮だが、臨済宗には、こんな言葉がある。

「貪欲《どんよく》深きものは餓鬼となり、瞋恚《しんい》深きものは修羅となり、愚癡《ぐち》深きものは畜生となる」

つまり、足るを知らずいくらでも欲しがるものが餓鬼、思い通りにならないことに怒り狂うものを修羅、くだらないことに思い悩むものを畜生とする考え方だ。

これを抑えられるものを人間とし、抑えられないものが地獄に落ち、静められるものが極楽に行けると考える。

そう考えると、まさに白隠を斬ろうとした侍はその瞬間、餓鬼であり修羅であり、畜生であったのは間違いないだろう。

そしてその全てを抑え、鎮めた時にはきっと白隠が諭したように、〝極楽〟が垣間見えたに違いない。

結局のところ、地獄も極楽も人の心が作り出す世界だというのが、臨済宗の教えということだ。

その境目はきっと、自分の想いや能力を、誰かのために、社会を良くするために役立てたいと願うのか。それとも、自分の欲求を満たすために使いたいと願うかどうかの違いなのではないだろうか。

欲求を抑えられず、欲に溺れる人生など、ただただ地獄でしか無い。多くの不幸は、「能力以上の欲求を持ち、それを抑えられないこと」から始まるのだから。

あらゆる出来事が意味に変わる

話は冒頭の、大学教員の友人からの問いかけについてだ。

「人生全ての出来事に、本当に意味を与えられるものなのかどうか」

という想いについて、私は今、こう考えている。

例えば利休七則に挙げられている理想は、永遠に続く未完成の目標のようなものだ。y=1/xという数式で、xの値が大きくなればなるほどyの値は小さくなる。xが1ならyは1で、xが100ならyは0・01である。しかしどれだけxの値を大きくしても、yが0になることは永遠にない。しかしそれでも、0を求め永遠に漸近線を延ばしていく人の心の営みこそが〝道〟であり、それ自体が修行になる。

つまり、永遠に続く想いが利他的であれば、それは〝道〟になり、私たちの人生に意義や奥行きを与えてくれるということだ。一方で、永遠に続く想いが利己的であれば、それは餓鬼、修羅、畜生であって、地獄に変わるということである。

だから、「人生全ての出来事に、本当に意味を与えられるものでしょうか」という問いの答えは、きっとこういうものなのだろう。

「誰かのことを想い、答えを求め続けていることで、既に意味を得ているのではないでしょうか」

なおジョブズの言葉、「今やっていることが将来、何かに繋がると信じるしかありません」には続きがある。

“This approach has never let me down, and it has made all the difference in my life.”

ざっと意訳すると、こんな感じだろうか。

「このやり方で後悔したことはないし、そしてそれが私の人生を大きく変えてくれた」

この言葉を私は、こう理解している。

〝意味があると信じ、考え、行動し続けることで、あらゆる出来事が意味に変わる〟

こんな答えで、知性あふれる彼女が納得してくれるか自信はないが、お会いした時に一生懸命話してみたい。

もし的外れであれば、これもまた今日から延びる「永遠の漸近線」の始まりだ。

あとがき

本稿を書き終えようとしていた2023年12月の歳の瀬、一つの興味深いニュースが飛び込んできた。

「2022年の日本の一人あたりGDP　OECD加盟国中21位に　G7でも最下位に転落」

円安の影響もあるとはいえ、日本はここまで国力を落としてしまったのかと、やや暗い気持ちで新しい年を迎えようとしている。

社会インフラや治安の良さといったハード面、教育水準や基礎科学力といったソフト面から考えても、私たちは明らかに、国や組織の運用を間違えているのだろう。

有利な条件を生かせていない理由は、きっとさまざまだ。

そしてその一つに「リーダーシップ」への教育や理解が極端に不足している、日本が抱える病理があると確信している。

〝リーダーとはなにか〟という単純な問いにすら答えられない、間違いだらけのリーダーたちばかりが要職に就く、日本の組織文化である。

リーダーと呼ばれるポジションにある人、これからリーダーを志そうとする人にとって、拙書が〝答え探し〟のヒントになることを願いながら、筆を擱《お》きたい。

なお本書の執筆にあたっては、優れたリーダーシップを発揮し組織を率いてきた多くの人たちに取材し、お話をお聞かせ頂いた。

中でも、陸上自衛隊の序列2位に相当する北部方面総監まで昇られた田浦正人・元陸将には、多くのリーダー論とケーススタディをご教示頂き、本当に幸運であった。この場をお借りして改めて、心からの感謝を申し上げたい。

また2021年8月から連載をしている「朝日新聞 GLOBE +」の関根和弘・編集長には、多くのリーダー論を紹介する機会を頂いていること、あとがきでも重ねて感謝を申し上げたい。

最後に、私の文章はリズムや想いを大事にしたいという考えから、一般的な文法やお作法を外すことも少なくない。

そのような中、原稿のチェックを無償で引き受け、時に厳しいアドバイスをし続けて下さった横内美保子元南山大学准教授・博士（文学）には心から感謝している。

執筆にあたり、自由奔放に筆を進める自信を与えてくれる彼女への感謝は、とても言葉に尽くすことなどできない。

多くの優れたリーダーたちのお力添えの結果、本書が今、皆様のお手元にあることを心から幸せに思う。

２０２４年１月

桃野　泰徳

参考文献、記事、サイト

・『カーネギー自伝』（アンドリュー・カーネギー著、坂西志保訳、中公文庫）
・カーネギー・ホール公式サイト（https://www.carnegiehall.org/）
・『置かれた場所で咲きなさい』（渡辺和子著、幻冬舎文庫）
・『散るぞ悲しき―硫黄島総指揮官・栗林忠道』（梯久美子著、新潮文庫）
・『児玉源太郎　日露戦争における陸軍の頭脳』（神川武利著、ＰＨＰ研究所）
・『回想の八田與一―家族やゆかりの人の証言でつづる―』（北國新聞社出版局編、北國新聞社出版局）
・『台湾を愛した日本人　土木技師八田與一の生涯』（古川勝三著、創風社出版）
・『ノードストローム・ウェイ　絶対にノーとは言わない百貨店』（R. スペクター、P.D. マッカーシー著、山中鏆監訳、犬飼みずほ訳、日本経済新聞出版）
・『ディズニー7つの法則』（トム・コネラン著、仁平和夫訳、日経ＢＰ）
・『蒲団・重右衛門の最後』（田山花袋著、新潮文庫）
・『織田信長の家臣団―派閥と人間関係』（和田裕弘著、中公新書）
・なら旅ネット（奈良県観光公式サイト）http://yamatoji.nara-kankou.or.jp/
・『国のために死ねるか　自衛隊「特殊部隊」創設者の思想と行動』（伊藤祐靖著、文春新書）
・プレジデントオンライン「この1年で２００万部以上も減少した…全紙合計で３０８４万部しかない「日本の新聞」が消滅する日」（https://president.jp/articles/-/65446?page=1）

・東京農工大学「産業遺産からみる、近代日本の製糸業」(https://web.tuat.ac.jp/~jokoukai/kindainihonnoisizue/archive/sangyo/sangyo.htm)
・グンゼ株式会社「グンゼの歴史」(https://www.gunze.co.jp/special/history/)
・沼津市「白隠禅師」(https://www.city.numazu.shizuoka.jp/shisei/profile/hito/bungaku/hakuin.htm)
・臨済宗円覚寺派大本山・円覚寺 (https://www.engakuji.or.jp/)
・その他、外務省、気象庁など官公庁サイト

初出：第1章2、3、4、5、第2章1、2、5、第3章1、2、3、5、6は「朝日新聞GLOBE+」(https://globe.asahi.com/)。他は本書のための書下ろし。

桃野泰徳　1973(昭和48)年生まれ。

編集ディレクター、国防ライター。

大和証券勤務を経て、中堅メーカーなどで最高財務責任者（CFO）や事業再生担当者（TAM）を歴任し独立、起業。

Ⓢ新潮新書

1035

なぜこんな人《ひと》が上司《じょうし》なのか

著　者　桃野《ももの》泰徳《やすのり》

2024年3月20日　発行
2024年7月5日　3刷

発行者　佐　藤　隆　信

発行所　株式会社 新潮社

〒162-8711　東京都新宿区矢来町71番地
編集部(03)3266-5430　読者係(03)3266-5111
https://www.shinchosha.co.jp
装幀　新潮社装幀室

印刷所　株式会社光邦

製本所　加藤製本株式会社

ISBN978-4-10-611035-1　C0234

価格はカバーに表示してあります。